FENG SHUI
FÜR DAS BÜRO

Werner Waldmann
Pat Allin

FENG SHUI

FÜR DAS BÜRO

MIT WENIG AUFWAND

DAS IDEALE ARBEITSKLIMA SCHAFFEN

Urania

Die Deutsche Bibliothek – CIP-Einheitsaufnahme

Waldmann, Werner:

Feng Shui für das Büro : mit wenig Aufwand das ideale Arbeitsklima schaffen / Werner Waldmann ; Pat Allin. [Zeichn.: Katrin Beyer]. – Berlin : Urania Verlag, 1998

ISBN: 3-332-00656-8

Umschlaggestaltung: Rex Verlagsproduktion

Titelbild: IKEA Deutschland

Zeichnungen: Dr. Katrin Beyer

Redaktion: Marion Zerbst

Korrektur: Karl Beer, Andrew Leslie

Produktion: Meditext, Stuttgart

DTP-Supervisor: Bernd Hirschmeier

Scans: Eva Maldener

Druck: Westermann Druck Zwickau GmbH

Printed in Germany

Gedruckt auf alterungsbeständigem Papier und chlorfrei gebleichtem Zellstoff

ISBN: 3-332-00656-8

Bildnachweis: Hong Kong Tourist Association (5), IKEA Deutschland (9), Dr. Christian Kaplan (9), MediText (11), Silvestris Fotoservice (2)

INHALT

WARUM FENG SHUI FÜR DAS BÜRO?

Feng Shui – wir sprechen dieses chinesische Zauberwort als „fung schoy" aus – ist eine über dreitausend Jahre alte Lehre, die vereinfacht ausgedrückt von der Vorstellung ausgeht, daß der ganze Kosmos, unsere Erde, Berge, Täler und Ebenen Energiefelder erzeugen. Jedes Lebewesen – Pflanze, Tier und Mensch – erzeugt ebenfalls Energie, die in ihnen zirkuliert, die das Leben ausmacht. Alles, auch scheinbar „tote" Gegenstände, die der Mensch schafft, wie Häuser, Kunstwerke, Straßen, ist Träger einer universellen Energie. Feng Shui hat für diese Energie einen Namen: Chi.

Ein komplexes Energiesystem

Der Kosmos, die Summe allen Seins, ist ein gigantisches lebendiges System, in dem sämtliche Einzelteile miteinander vernetzt sind. Und natürlich beeinflussen diese sich gegenseitig. Nehmen wir eine sechsspurige Autobahn, die durch eine Innenstadt führt. Schon allein das Gefühl, das diese Hektik, der Lärm und Gestank der Abgase in uns hervorruft, macht uns diese geballte Energie deutlich, die von dieser Superstraße ausgeht. Ruft man sich dagegen eine stille Landstraße, an deren Böschung Blumen wachsen, ins Gedächtnis, regt sich eine ganz andere Empfindung: Dieses Sträßchen inmitten blühender Wiesen hat ebenfalls seine Ausstrahlung, doch eine ganz andere, sanfte, irgendwie in sich ausgeglichene. Nennen wir dies Energie, so erzeugen Autobahn und Landstraße sehr gegensätzliche energetische Formen. Gegensätzlich vor allem deshalb, wenn wir sie in bezug zum Menschen setzen. Der Mensch ist ebenso wie die Straßen ein hochenergetisches Gebilde. Konfrontiert mit der Energiegewalt, die im Umfeld der Autobahn frei wird, stellt sich eine Disharmonie ein: Die Energie der

Autostraße stört die Energiezirkulation im Menschen ganz erheblich. Das läßt sich nicht messen, wohl aber erkennt man rasch die Auswirkungen: Wer in der Nähe einer solchen Autobahn wohnt, leidet unter vielen Befindlichkeitsstörungen, ja selbst unter Krankheiten. Abgesehen davon fühlt man sich hier einfach unwohl. Der Lärm, der Schmutz, die verpestete Luft – all das strapaziert die Nerven und beeinträchtigt die Gesundheit.

Ganz anders sieht die Situation in der Nähe der kleinen Landstraße aus. Hier kommt auch ab und zu ein Auto vorbei, aber integriert in die ruhige, blühende Pracht der Natur spürt man nichts Negatives. Offenbar harmoniert die körpereigene Energie mit derjenigen, die diese Umwelt auf den Menschen ausstrahlt.

Feng Shui will nichts anderes, als Umwelt und Mensch in eine harmonische Beziehung zueinander setzen. Dafür haben die Chinesen ein für uns Europäer bizarr anmutendes System entwickelt, mit dem man sich seine Umwelt so einrichten kann, daß sie einem nicht mehr schadet, sondern zu psychischem und physischem Wohlbefinden verhilft, womit natürlich nicht nur Gesundheit, sondern auch Erfolg im Leben – privat wie beruflich – verbunden ist.

Dieses Büro um die Jahrhundertwende zeigt, wie sich die Einstellung zur Arbeit bis heute gewandelt hat: Daß damals das Arbeiten mehr Leiden war als Freude, kann man leicht nachempfinden. Die Privilegierten freilich richteten sich ihre Büros auch damals schon nach anderen Kriterien ein.

Ein modernes Büro, in dem sich der Mensch wohl fühlen und so mit seiner ganzen Kraft arbeiten kann. Grünpflanzen bringen den Zauber der Natur in den Raum und neutralisieren die negative Energie der Bildschirme und Rechner.

Feng Shui – nur eine Modeerscheinung?

Wenn man die Mode des Innen designs der letzten Jahre betrachtet, fallen einem unschwer bestimmte Trends auf. In den siebziger Jahren schwor man auf wilde Formen und Farben. Wo immer das Auge hinschaute, erfuhr es von Vorhängen, Tapeten, Teppichen und Bettzeug einen wahren Schock. Die bewußte Anarchie der die Psyche aufrührenden Signale wich ein Jahrzehnt später einer beinahe sterilen Sachlichkeit. Die Wände waren weiß, die Fußböden grau, die Sitzgelegenheiten aus schwarzem Leder, und die Möbel glänzten in Chrom. In der Form setzte man auf den kalten Charme industrieller Architektur. Man hielt dieses kalte Wohnambiente für modern, dem heutigen Menschen angemessen, der ins Computerzeitalter aufgebrochen war. Inzwischen ist auch dies Schnee von gestern; die Innendesigner konzentrieren sich wieder mehr aufs Gefühl und wollen es sinnlich, schön, harmonisch. Naturmaterialien sind in, statt greller Töne sucht man zarte Pastellfarben.

Und nicht nur das: Wurde bislang einfach nach der Prämisse gestaltet, etwas Neues zu schaffen, das andere, mit dem Anspruch, ein Zeitgefühl darin zu manifestieren, kommt heute ein ganz neuer Aspekt mit ins Spiel: das Wohlbefinden. Wenn ein Technodesigner früher eine Wohnlandschaft aus Plastik und Chrom zusammenbastelte, dachte er natürlich auch an den Menschen, der in diesem Umfeld leben sollte. Er dachte aber wohl weniger darüber nach, ob sich der Zeitgenosse in solchen vier Wänden wohl fühle, sondern dem modernen Menschen wurde ziemlich brutal das Ambiente verpaßt, das sein Schöpfer für zeitgemäß hielt. Ob sich irgend jemand in einer solchen Science-fiction-Landschaft Tag für Tag tatsächlich heimisch fühlen kann, hat man wohl weniger bedacht.

Heute versuchen die Designer eine Umgebung zu schaffen, die den Menschen glücklich macht. Man fragt sich, welche Farben und Formen auf die Psyche des Menschen angenehm wirken, weiß man doch inzwischen, daß bestimmte Farben und Formen irritieren, aggressiv machen, aufstören. Andere dagegen wirken beruhigend, anregend. Genauso ist es längst ein wichtiger, allgemein akzeptierter Grundsatz, Materialien zu verwenden, die natürlich sind und keine Gifte absondern. Aus der Erfahrung ist man klug geworden und benutzt kein Material mehr, das hinterher ständig chemische Schadstoffe abgibt und die Gesundheit gefährdet.

Mit einem speziellen Kompaß, dem Lo-Pan, analysiert der chinesische Feng-Shui-Meister den Raum, ehe er Vorschläge für eine mögliche Umgestaltung unterbreitet.

Den Anstoß für diese gesundheits- und umweltbewußtere Einstellung der Innendesigner gab nicht das Feng Shui. Unsere Gesellschaft ist selber darauf gekommen, daß eine ungesunde Umgebung zu Hause und bei der Arbeit erheblichen Schaden anrichten kann.

Eigentlich aber hätte man all diese unzähligen wissenschaftlichen Erkenntnisse der Umweltanalytiker nicht gebraucht, wenn man sich des Feng Shui bedient hätte. Dort ist zwar nirgends von Wohngiften die Rede oder von Lärmpegeln, die die Gesundheit malträtieren, doch Feng Shui fordert das gleiche: eine Umweltgestaltung, die dem Menschen einen Lebensrahmen bietet, in dem er

Der Stahl- und Glasgigant der Bank of China in Hongkong gilt als das genialste Feng-Shui-Gebäude der ehemaligen Kronkolonie (Foto links).

sich gesund und harmonisch entwickeln kann.

Feng Shui arbeitet, um dies zu erreichen, mit einer mythologisch anmutenden Energievorstellung; unsere Naturwissenschaften setzen nachprüfbare Grenzwerte fest. Das Ergebnis unserer Wissenschaften ist wunderbarerweise das gleiche wie das des Feng Shui.

So ist es auch kein Wunder, daß sich diese altchinesische Kunst über die USA und Kanada auch rasch nach Europa ausgebreitet hat. Es ist ein gewisses Aha-Erlebnis: Was wir im Westen als High-Tech-Resultate unseres ausgehenden Jahrhunderts betrachten, wissen die Chinesen schon seit 50 000 Jahren! Sie haben es nur anders, bildhafter ausgedrückt; wer sich aber an die skurrilen Spielregeln des Feng Shui hält, der kommt zum gleichen Ergebnis wie unsere moderne Umwelttechnik und unser neu am Wellness-Bedürfnis orientiertes Industriedesign.

Feng Shui im Konzept gigantischer Busineß-Bauten

In Asien ist Feng Shui zu Hause, und dort wird es auch von Privatleuten wie von Business-Managern angewendet. Feng Shui ist dort eine Selbstverständlichkeit: Selbst internationa-

In Hongkong sind die meisten Geschäftshäuser und Busineß-Zentren Feng-Shui-gemäß gestaltet. Der kreisförmige Durchblick in höher gelegene Stockwerke befindet sich bewußt über der Rolltreppe: Er neutralisiert den zu raschen Energiefluß .

Ein unter Feng-Shui-Aspekten vorbildlich angelegtes Ladenzentrum in Hongkong.

Die Welt funktioniert überall gleich, in China wie in Europa. Feng Shui beobachtet Grundgesetze des Lebens. Die mythologische Verpackung dieses Wissens im Feng Shui mag uns bizarr vorkommen. Deshalb versuchen wir diese Methode hier für unseren Erwartungshorizont zu adaptieren.

le Konzerne haben es längst für ihre Gebäude und ihre Corporate Identity nutzbar gemacht. Daß Hongkong dabei führend ist, muß einen nicht wundern. Doch diese Tatsache mag ein weiterer Beweis für die Ernsthaftigkeit dieser Methode sein, die bei uns leicht in die Nähe von altertümlichem Humbug gerückt werden könnte. Die chinesischen Geschäftsleute in Hongkong sind die härtesten und erfolgreichsten der Welt. Hier zählen Gefühle wenig, entscheidend ist das Resultat in Dollar. Diese beinahe brutale Professionalität kann sich keine Sentimentalitäten leisten, und wenn Feng Shui ein reines Hirngespinst wäre, hätte es hier nie eine Chance gehabt. Doch die Manager der Bank of China beauftragten den britischen Architekten Sir Norman Forster mit dem Bau ihres Bank-Towers und stellten ihm einen hochkarätigen Feng-Shui-Experten zur Seite. Die Bank gilt heute als das brillanteste Resultat einer feng-shui-gemäßen Architektur. Die Kanten des faszinierenden Stahl-Glas-Kolosses weisen in alle Richtungen und beherrschen ihre Umgebung.

Der Einwand, die Bauherren dieses Wolkenkratzers seien Chinesen, und die ließen sich ihren Aberglauben eben etwas kosten, ist nicht stichhaltig: Die Herren aus Peking haben bloßer chinesischer Tradition abgeschworen; in ihrem gesellschaftlichen Denken hat Aberglaube wenig Raum. Doch sie sind offenbar davon überzeugt, mit der Anwendung der Feng-Shui-Regeln das Arbeitsklima in ihrer Bank zu verbessern und damit den Erfolg des Unternehmens überhaupt zu sichern.

Der Fall Sabina M., Boutiquebesitzerin

Sabina M. machte sich nach acht Jahren in leitender Stellung in einem Stuttgarter Bekleidungshaus mit einer kleinen Boutique selbständig. Natürlich konnte sie sich keine erstklassige Lage leisten. Sie mietete in einer Vorstadtstraße Geschäftsräume, die zuvor eine Änderungsschneiderei beheimatet hatten. Ihr war klar, daß sie irgend etwas tun mußte, damit ihr künftiger Laden den Leuten auch in die Augen sprang. So wie die Schneiderei außen und innen aussah, wäre bei ihr nur alle Jahre einmal ein Kunde zufällig ins Geschäft gekommen. Die alte Schneiderei freilich war in der Gegend bestens eingeführt, und die Leute ließen dort ihre Kleidungsstücke ändern. Eine Boutique war dagegen kein solch selbstverständlicher Publikumsmagnet, weshalb den Passanten durch die Außengestaltung das Besondere, Exklusive vermittelt werden mußte.

Für einen Innenarchitekten und teure Umbauten hatte Sabina M. kein Geld. Sie wollte auch nicht das Design der Boutiquen in der City nachahmen, die mit Glas, Chrom und Spiegeln brillierten.

Durch Zufall geriet sie an eine junge Feng-Shui-Beraterin, die mit ihr eine Bestandsaufnahme machte und eine Liste von Empfehlungen für die Außengestaltung und Inneneinrichtung gab.

Die Außenansicht bestand aus zwei Schaufenstern, in denen lieblos verstaubte Dekorationsgegenstände auf braunem Stoff lagen, mittendrin eine Ladentür aus Glas, die beim Öffnen fürchterlich quietschte, und eine grelle Ladenklingel aus den fünfziger Jahren. Der Innenraum war noch fürchterlicher gestaltet. Links ein häßliches Regal für die fertigen Kleidungsstücke, rechts zwei Arbeitstische gegen die Wand gerückt, Nähmaschinen darauf. Der breite Durchgang in den hinteren Raum war mit einem dunkelroten Vorhang abgeteilt. Die Wände waren mit einer strukturierten Stofftapete mit Mustern geschmückt, die eher an einen Fürstensalon erinnerten.

Zwei Monate später sah alles ganz anders aus. Den Eingang zierten zu beiden Seiten zwei halbhohe Steintöpfe mit Grünpflanzen. Der

Die beiden Bäumchen vor dem Eingang des Ladengeschäfts sind ein wirkungsvoller Blickfang: Sie ziehen nicht nur Chi in die Geschäftsräume, sondern auch potentielle Käufer.

Raum in den Schaufenstern war um einen Meter nach innen vergrößert, wodurch der für die Präsentation zur Verfügung stehende Schauraum erheblich erweitert wurde.

Die Wände im Laden waren weiß gestrichen, ebenso die vorher dunkel gehaltene Holzdecke. Der Raum gewann dadurch erheblich an Größe und Freundlichkeit. Der Ladentisch, der vorher genau auf die Eingangstür gerichtet gewesen war, wurde auf der linken Seite aufgestellt, und zwar nicht mehr eine trennende Ladentheke, sondern ein beinahe zierliches Tischchen in englischem Stil, das Sabina M. in einem Antiquitätengeschäft gefunden hatte. Auch der Vorhang im Hintergrund war verschwunden. Statt dessen hing ein fast zwei Meter breites Aquarellbild einer freundlichen südlichen Landschaft an der Wand. Ein großer Spiegel auf der rechten Seite vergrößerte den Raum merklich, wenn man erst einmal im Laden stand. Im Raum selbst waren sparsam Kleiderständer mit der Ware plaziert. Der Teppichboden war in einem pastellfarbenen Grün gehalten, das sofort Assoziationen an Natur und Wiesen weckte.

Die Arbeitsplätze dieser Bank in England sind großzügig um den eindrucksvollen Lichthof angeordnet.

Offenbar trat ein, was die Feng-Shui-Expertin vorausgesagt hatte: Die Blumensäulen am Eingang lenken den Energiestrom in das Geschäft und ziehen so die Neugier der Passanten an. Schon in den ersten Tagen kamen immer wieder Leute ins Geschäft, die sich nur spontan einmal umschauen wollten. Einige davon kamen später wieder und wurden treue Kunden.

Feng Shui als Homöopathie der Raumgestaltung

Wer in einem Büro arbeitet, verbringt dort den größten Teil seines Lebens. Sie müssen nur einmal eine Woche lang zu Papier bringen, wie oft Sie sich in Ihrem Wohnzimmer aufhalten. Halten Sie diese Zahl neben die

Stunden in Ihrem Büro, so wird Ihnen klar, daß eigentlich Ihr Büro Ihr Heim ist. Doch welcher Widerspruch: Alle Energie und Erfindungskraft wenden Sie dafür auf, Ihr Wohnzimmer gemütlich zu gestalten. Das Büro gehört Ihnen schließlich nicht, und Sie haben daher auch keinen Einfluß auf seine Gestaltung. Die Möbel hat der Arbeitgeber nach seinem Geschmack oder nach Kostengesichtspunkten ausgesucht, und nach den Vorstellungen Ihres Chefs ist das Inventar auch im Raum arrangiert.

Wer allein mit einem Kollegen in einem Büro sitzt, kann sich glücklich preisen. Heute sind vielfach Großraumbüros üblich, wo die einzelnen Arbeitsplätze bestenfalls durch Stellwände voneinander abgeschottet sind. Hier gelten die Wünsche des einzelnen offenbar noch weniger, weil sich der einzelne Arbeitsplatz am Gesamtarrangement ausrichten muß. Die meisten Menschen finden sich fast selbstverständlich mit ihrer Bürosituation ab, obwohl sie sich dort sehr unwohl fühlen und sich tief innerlich von Tag zu Tag mehr auf den Feierabend freuen.

Das muß nicht sein! Auch mit geringen Mitteln können Sie Ihre Bürosituation wesentlich verbessern, so daß Sie sich dort merklich wohler fühlen. Die Folgen sind klar: Ihr physisches Befinden wird sich verbessern, Ihre Leistungskraft wird wachsen, und die Arbeit macht Ihnen mehr Spaß. Eine solche Entwicklung kann auch Ihren beruflichen Werdegang in neue Richtungen lenken.

Wer arbeitet schon gerne an einem chaotisch organisierten Schreibtisch? Alle Gegenstände an der richtigen Stelle, dies erspart viel Mühe und hebt die Schaffenslaune.

Dieses Buch zeigt Ihnen ganz konkret, wo Sie bei der Feng-Shui-gemäßen Umgestaltung Ihres Arbeitsplatzes ansetzen müssen.

SENSIBILISIERUNG FÜR GUTES FENG SHUI

Ein Feng-Shui-Experte wird nicht in ein paar Tagen oder Wochen geboren. Der Lernwillige muß jahrelang bei einem Meister in die Schule gehen. Er begleitet und beobachtet ihn, fragt und fragt, studiert die chinesische Literatur und Philosophie, Astrologie, Astronomie, Topographie, dann das Buch der Wandlungen, das I-ching, und er beobachtet mit unglaublicher Geduld und Beharrlichkeit Natur und Menschen.

Im Detail umfaßt diese Ausbildung neben intensiver Lektüre ein unendlich scheinendes Studium all dessen, was den Menschen umgibt, der Welt, in der er lebt. Man studiert den Verlauf von Bergen, Tälern und Flüssen, den Einfluß der Naturkräfte wie Gezeiten, Regen, Hochwasser, Jahreszeiten, die Formation des Gesteins, die Vielfalt der Pflanzen, die Formen und Farben ihrer Blüten. Und schließlich beobachtet man den Menschen, sein Verhalten seinesgleichen gegenüber. Dazu gehören tiefe Einsichten in die Hierarchie der menschlichen Gesellschaft, in Religion und Politik.

Das Ziel des Feng-Shui-Adepten ist, einerseits das Regelwerk dieser geheimnisvollen „Umwelttechnik" kennenzulernen, das über Jahrtausende hinweg tradiert worden ist, und andererseits die permanente Sensibilisierung der eigenen Wahrnehmungsfähigkeit. Die Theorie des Feng Shui ist nur wie ein dünner Boden, der wenig hält, wenn nicht das solide Fundament ureigener Beobachtungen, Vergleiche und Erfahrungen dazu tritt.

Wissen und eigene Erfahrung

Aus Büchern können Sie sich eine Ahnung davon verschaffen, was Feng Shui ist, wie es funktioniert, was es bewirken kann. Bücher machen aus Ihnen jedoch keinen Meister. Und auch nicht jeder, der Ihnen seine Dienste gegen teures Geld anbietet, ist ein Meister.

Feng Shui ist keine Technik, wenn es auch eine solche beinhaltet; Feng Shui ist eine Kunst, die jeder mit Mühe und Schweiß für sich selbst erwerben muß – und Erwerben heißt: erleben, erspüren, erfahren, erproben, prüfen und immer wieder erfahren.

Die Kunst der eigenen Wahrnehmung

Jeder Mensch nimmt sich und seine Umgebung mit den Sinnen wahr: Er hört die Geräusche, die er selbst erzeugt und die seine Umgebung verursacht. Er fühlt seinen Körper und die Dinge, die ihn umgeben. Er riecht den eigenen Körpergeruch und nimmt die Düfte wahr, die um ihn sind. Er schmeckt, was auf seine Zunge gelangt, und er sieht sich, seinen Körper und seine Umgebung.

Mächtige Löwen bewachen in China den Eingang zu wichtigen Gebäuden wie Palästen, Regierungssitzen oder Banken. Solche Symbole werden sehr ernst genommen und sind nicht nur hübscher Zierat.

Eine Selbstverständlichkeit – und es scheint eigentlich albern zu sein, derart viele Zeilen darauf zu verschwenden. Doch beherrschen wir die Kunst der Wahrnehmung wirklich? Wie aufmerksam nehmen wir eigentlich unsere Umgebung wahr?

Wenn wir ehrlich sind, müssen wir eingestehen, daß die wenigsten von uns Meister im Wahrnehmen sind. Wir sehen zwar, was uns umgibt, doch wenn wir wenig später nach Details gefragt werden – bei einem Banküberfall etwa oder einem Verkehrsunfall –, so sind wir in der Regel nicht in der Lage, die einfachsten Umstände eines Geschehens, Gesichter, Kleidung oder andere Einzelheiten genau zu beschreiben. Nicht, daß wir es vergessen hätten, was nach einiger Zeit durchaus verständlich wäre, nein, wir haben es uns von vornherein nicht eingeprägt. Bei den meisten Menschen sind gleich im Anschluß an ein bestimmtes Ereignis, an dessen Einzelheiten wir uns eigentlich erinnern sollten, selbst die prominentesten Details aus dem Gedächtnis verschwunden. Nicht vergessen, nein, wir haben das alles überhaupt nicht wahrgenommen, wir haben nicht richtig hingeschaut oder hingehört. Wir waren zwar präsent, aber nicht konzentriert mit dabei.

Die Kunst der Wahrnehmung will erlernt und eingeübt sein. Zwar besitzen wir in unseren Sinnen das Instrumentarium für eine fabelhafte Wahrnehmung unserer Außenwelt, doch ohne bewußtes und hartes Training nützen uns auch die besten Instrumente nichts.

Trotz aller Hektik Ruhe bewahren und das Leben genießen

Geduld und Ausdauer sind die Tugenden des Feng-Shui-Meisters.

Diese Fertigkeit war schon immer eine Tugend der Chinesen. Und wer einmal das Glück hatte, Chinesen in ihrer Heimat zu erleben, kennt die Wesensunterschiede zwischen Asiaten und Europäern.

Ein Chinese scheint nie die Ruhe zu verlieren. Er besitzt eine andere Einstellung zur Zeit. Ungeduld ist dem chinesischen Wesen fremd. Das Lächeln bleibt auch in Situationen auf seinen Lippen, in denen wir ganz schnell „durchdrehen" und die Geduld verlieren. Ganz deutlich wird diese Einstellung auch beim Essen: Wir schlingen oft in aller Eile selbst die leckersten Bissen hinunter, ein Chinese läßt sich Zeit und angelt mit den Eßstäbchen Häppchen um Häppchen aus der Schale. Dazu hat ein Europäer, wenn er nicht gerade darauf erpicht ist, chinesische Lebensart zu studieren, keine Geduld. Mit Messer und Gabel läßt sich möglichst schnell Nahrung in den Mund befördern, ja noch während man am Kauen ist, bereits die nächste Portion auf die Gabel schieben.

Der Einwand, an unserer miserablen Wahrnehmungsfähigkeit sei einfach die moderne Hektik unseres Lebens schuld, verfängt nicht. Als Beweis empfiehlt sich ein Besuch in Hongkong. Hektischer als in dieser Busineß-Metropole Asiens geht es nirgendwo sonst auf der Welt zu. Alle Gedanken eines Hong-Kong-Chinesen kreisen nur um eines, nämlich Geschäft, Geschäft und Geschäft. Ob einfacher Busfahrer oder millionenschwerer Geschäftsführer, man arbeitet rund um die Uhr, vom frühesten Morgen bis spät in die Nacht, man arbeitet schnell und effizient. Doch man bleibt gelassen dabei. Es gibt wenig Aggressionen, kaum lautstarke Händel, alles läuft wie geschmiert, ohne nervenaufreibende Hektik. Und dazwischen bleibt Muße für eine Teepause und für den obligatorischen kulinarischen Genuß.

Es liegt am Wesen des Menschen, nicht an den äußeren Umständen. Europa kommt aus einer anderen Tradition als China. Wer aber Feng Shui begreifen und ein klein wenig davon in unseren Alltag transportieren will, um sich ganz einfach wohler in seiner Haut zu fühlen, der muß sich mit sich selber und seiner Art der Wahrnehmung schon ein wenig auseinandersetzen – und zwar ernsthaft und mit der Absicht, alte Verhaltensmuster ad acta zu legen.

Der Weg zur Kunst subtiler Wahrnehmung

Wir wollen nun einmal ein simples Experiment durchführen, das eine gewisse Ähnlichkeit mit einer Entspannungs- bzw. Meditationsübung hat.

Wagen Sie sich nur dann an diese Übung heran, wenn Sie wirklich Zeit haben. Mit dem Hintergedanken an die Uhr – weil noch ein wichtiger Termin bevorsteht, weil die Kinder aus der Schule abgeholt werden müs-

sen oder weil Sie noch verschiedene Dinge für den nächsten Arbeitstag herrichten müssen – funktioniert es nicht. Wählen Sie einen Zeitpunkt, wo der Nachmittag oder Abend wirklich ausschließlich zu Ihrer Verfügung steht und keine Störung zu befürchten ist.

Ziehen Sie sich in einen Raum zurück, wo Sie Ruhe haben. Teilen Sie den anderen Familienmitgliedern mit, daß Sie jetzt für einige Zeit unbedingt nicht gestört werden wollen. Ignorieren Sie das Telefon, oder ziehen Sie das Kabel aus der Steckdose. Solange Sie nämlich kein Meister in der Kunst sind, wirklich abschalten zu können, müssen Sie vorher alle möglichen inneren und äußeren Störungsquellen beseitigen.

Nehmen Sie zuerst einmal eine bequeme Position ein. Was bequem ist, müssen Sie selbst entscheiden, vielleicht setzen Sie sich locker im Schneidersitz auf den Boden, gegen ein Kissen an die Wand gelehnt, aufs Sofa oder auf einen Sessel. Die Kleidung sollte Sie nicht beengen. Sie sollten weder frieren noch schwitzen. Sie können sich leicht bekleidet hinsetzen oder nackt – so wie Sie sich am freiesten und wohlsten fühlen. Sie sind

Wenn Sie noch nicht die nötige innere Ruhe erreichen können, bleiben Sie einfach ein paar Minuten sitzen und brechen das Experiment dann ab. Ein andermal wird es schon besser klappen. Erzwingen Sie aber nichts!

Der Weg ist das Ziel: Fixieren Sie nicht ein erstrebtes und in weiter Ferne liegendes Ziel, sondern interessieren Sie sich für alle Nuancen Ihrer augenblicklichen Wahrnehmung.

allein und müssen auf niemanden Rücksicht nehmen, auf nichts achten, nichts berücksichtigen.

Lassen Sie diesen Zustand des Auf-sich-geworfen-Seins einen Augenblick lang auf sich wirken. Genießen Sie diesen Augenblick des Bei-sich-Seins. Versuchen Sie, sich durchhängen zu lassen und an gar nichts zu denken. Wenn trotzdem Gedanken durch Ihr Bewußtsein geistern, machen Sie sich nichts daraus. Lassen Sie diese Gedanken einfach wieder los. Ärgern Sie sich nicht darüber, daß es offenbar gar nicht so einfach ist, den Kopf leer zu bekommen.

Atmen Sie sich frei

Ein Weg, Gedanken an Probleme und Dinge auszuschalten, die Sie stark beschäftigt haben und die jetzt noch in Ihnen nachklingen mögen, ist folgender: Lassen Sie die Arme schlaff herabhängen, oder legen Sie sie locker auf die Knie. Konzentrieren Sie sich auf Ihre Brust – wenn Sie wollen, können Sie dabei auch die Augen schließen –, und atmen Sie jetzt ganz langsam, ganz tief ein, bis Ihre Lungen randvoll mit Luft gefüllt sind.

Halten Sie die Luft einen Augenblick lang an, und atmen Sie dann wieder aus. Wiederholen Sie diesen Vorgang noch zwei- bis dreimal. In aller Ruhe. Ohne Hektik. Mit einer Pause zwischen den Atemzügen, die Ihnen gerade richtig erscheint. Vermeiden Sie dabei eine Situation wie bei einer ärztlichen Untersuchung, wo Sie aufgefordert werden, mehrmals heftig und tief ein- und wieder auszuatmen. Beim Abhören der Lunge macht dies Sinn, nicht aber bei unserer Übung. Es gibt keinen Zwang, nur Ihr Atmen bestimmt Ihre Gedanken.

Wenn Sie so Ihren Mittelpunkt, Ihre Ruhe gefunden haben, kommt die nächste Phase unserer Übung.

Sie müssen in Ihrer Umgebung einen markanten Punkt wählen, auf den Sie sich jetzt konzentrieren wollen. Das kann beispielsweise die Spitze eines Blattes sein oder eine Blüte, ein Türgriff oder ein Lichtreflex auf dem Teekessel. Besonders günstig ist eine Flamme.

Bewußte Wahrnehmung eines einzelnen Punktes

Wir entscheiden uns also für eine Flamme, weil diese Wahrnehmungsquelle ein besonders magisches Flair hat. Das kann eine Kerze sein, ein Windlicht oder eine Petroleumlampe.

Die Helligkeit innerhalb der Flamme ist unterschiedlich. Um den

Docht herum brennt die Flamme dunkler, bläulich. Die Spitze der Flamme dagegen ist am hellsten. Versuchen Sie jetzt die Flammenspitze zu fixieren. Die Flamme tanzt unruhig hin und her. Folgen Sie ihr, ohne dabei den Kopf zu bewegen. Richten Sie Ihr ganzes Bewußtsein nur auf diesen einzigen kleinen hellen Punkt, auf die Spitze der Flamme.

Nach ein paar Momenten ignorieren Sie die helle Spitze und betrachten jetzt die Flamme im ganzen. Ihr Blick schweift in das bläulich schimmernde Zentrum der Flamme um den Docht.

Blicken Sie auf die Flamme, aber starren Sie nicht in sie. Das heißt: Verkrampfen Sie Ihre Augen nicht. Zwingen Sie sich auch nicht, dabei hin und wieder zu blinzeln. Denken Sie einfach nicht daran, daß Sie blinzeln müssen oder daß Sie dies unbedingt vermeiden wollen. Sehen Sie nur die Flammenspitze und dann das Innere der Flamme und den Docht. Und denken Sie nur daran, was Sie gerade wahrnehmen.

Die Flamme nimmt nur einen winzigen Bruchteil Ihres gesamten Gesichtsfeldes ein, aber sie steht im Mittelpunkt Ihres augenblicklichen Wahrnehmungsbereichs. Halten Sie Ihren Kopf ganz ruhig und lassen Sie jetzt den Punkt Ihrer Wahrnehmung

Auch mit einem zweidimensionalen Objekt können Sie Ihre Wahrnehmung trainieren. Fixieren Sie ein Detail des unteren Fotos. Lassen Sie Ihren Wahrnehmungspunkt dann in einer von Ihnen vorgegebenen Richtung über die Bildfläche wandern und an Details innehalten.

So trainieren Sie Ihr Wahrnehmungsvermögen

- *Nehmen Sie in lockerer Kleidung entspannt Platz, und beginnen Sie, Ihre Wahrnehmung auf einen markanten Punkt vor Ihnen (ein Licht, die Struktur eines Blattes, einen Reflex) zu richten.*

- *Schalten Sie alle störenden Gedanken und Assoziationen in Ihrem Kopf aus. Konzentrieren Sie sich allein auf den von Ihnen gewählten Punkt Ihrer Wahrnehmung.*

- *Lassen Sie dann Ihre Wahrnehmung langsam in die Nachbarschaft des zuerst wahrgenommenen Objekts schweifen, und registrieren Sie alle Einzelheiten anderer Objekte.*

- *Erkunden Sie auf diese Weise nach und nach Einzelheiten Ihres Wahrnehmungsfeldes, ohne dabei den Kopf zu bewegen.*

- *Schicken Sie dann Ihre Wahrnehmung einmal entlang Ihres Gesichtsfeldes. Machen Sie sich auch die Einzelheiten an dieser Grenze bewußt.*

- *Lassen Sie Ihren Blick nicht einfach frei schweifen, sondern lenken Sie ihn ganz bewußt von Detail zu Detail.*

- *Setzen Sie sich nicht unter Druck. Betreiben Sie Ihr Wahrnehmungstraining ganz gelassen. Es ist gleichgültig, was Sie betrachten und wie lange.*

- *Läßt Ihre Konzentration nach, ertappen Sie Ihre Wahrnehmung beim freien Umherschweifen, so schließen Sie die Augen, atmen tief durch und setzen die Betrachtung dann fort. Beginnen Sie beharrlich beim zuletzt wahrgenommenen Punkt. Bleiben Sie dabei ruhig und entspannt. Fokussieren Sie alle Aufmerksamkeit wieder nur auf den momentan fixierten Punkt.*

von der Flamme weg über die Gegenstände in Ihrer Nähe wandern. Sie können dies ganz beliebig tun, doch achten Sie darauf, daß Sie den Blick nicht frei und unbewußt schweifen lassen: Lenken Sie ihn, als ob Sie durch den Sucher einer Filmkamera mit einem extremen Teleobjektiv blicken und über eine weite Landschaft schwenken, von Detail zu Detail, höchst systematisch. Bei jedem Detail, daß Sie erfassen, verweilen Sie ein paar Sekunden, machen sich dieses Detail bewußt und lassen Ihren Blick weiter schweifen.

Dabei wird Ihnen klar, aus wie vielen unzähligen Einzelheiten sich Ihre Umgebung zusammensetzt und wie wenig Sie davon sonst eigentlich wahrzunehmen pflegen. Der Grund dafür ist die Flüchtigkeit, mit der wir die Welt betrachten: ja, betrachten müssen, denn niemand ist imstande, in jedem Augenblick seinen gesamten Wahrnehmungsbereich komplett „abzuscannen". Wenn man beim Bäcker ein Brötchen kauft, richtet man die Aufmerksamkeit wahrscheinlich auf die in der Auslage liegenden Brötchen, um sich zu entscheiden, welches man möchte. Dann wird man in den Geldbeutel blicken, die Münzen oder den Geldschein fixieren und später das Wechselgeld auf dem Zahlteller. Die unzähligen anderen möglichen Wahrnehmungspunkte läßt man außer acht. Man nimmt nur das wahr, was die augenblickliche Situation erfordert.

Das Zusammenspiel verschiedener Elemente

Wer seine Umgebung genau untersuchen möchte, um herauszufinden, wie einzelne Elemente darin aufeinander wirken, wie sie sich gegenseitig beeinflussen – und wie dieses Ensemble von Elementen auf einen selbst wirkt, welche Kombination als wohltuend empfunden wird und welche als unangenehm –, der muß sich immer wieder darin üben, seine Umwelt mit Akribie und Geduld zu betrachten, einzelne Elemente miteinander zu vergleichen und zu beurteilen.

Seien Sie mit sich zufrieden, wenn Sie es schaffen, einen einzigen Punkt intensiv wahrzunehmen. Dieser momentane Erfolg ist entscheidend und nicht das ferne Ziel, alles perfekt wahrzunehmen imstande zu sein

Chi und Sha – Gute und schlechte Energie

Gute und schlechte Energie – die Chinesen haben dafür zwei Begriffe geprägt: Chi ist die gute, starke Energie, Sha deren Gegenteil.

Nach chinesischer Lehre wird im Normalfall auch unser Körper gleichmäßig von Chi durchströmt und versorgt so alle Organe mit Lebenskraft. Solange sich die Energiesituation im Gleichgewicht befindet, ist alles gut: Der Körper ist gesund.

Nun kann es aber geschehen, daß im Körper Blockaden entstehen, die die natürliche Zirkulation des Chi zusammenbrechen lassen. Einzelne Organe sind nun unterversorgt. Dieser Mensch wird krank. Und da setzt die chinesische Medizin an und versucht beispielsweise mit Hilfe der Akupunktur diese Blockaden zu lösen.

Doch auch das den Menschen umfließende Chi wirkt auf ihn ein. Deshalb kann auf Zirkulationsprobleme des körpereigenen Chi ein positiver Einfluß genommen werden, können sogar innere Blockaden gelöst werden, wenn man die umgebende Energiesituation so gestaltet, daß sie besonders kraftvoll und positiv ist.

In unser Denken übersetzt: Wenn man sich schlecht fühlt, ja sogar krank, sollte man auch daran denken, daß die Umgebung, in der man lebt und (vor allem!) arbeitet, eine ungünstige Wirkung auf unseren Organismus haben kann. Deshalb sollte man Wohnung und Arbeitsplatz daraufhin kritisch betrachten und sich überlegen, was man unter Umständen ändern könnte, um sich dort – weil alles angenehmer arrangiert ist – besser zu fühlen. Wer sich in seiner Umgebung pudelwohl fühlt, wird nicht so leicht krank, im Gegenteil: Man fühlt sich stark, glaubt Bäume ausreißen und Berge versetzen zu können.

Es ist eine Binsenweisheit, daß man in einem hellen, freundlichen Krankenzimmer rascher gesund wird als in einem dunklen, muffig riechenden, mit alten, unfreundlichen Möbeln eingerichteten Raum. Und ebenso ist es eine Binsenweisheit, daß man in einem freundlichen, offenen Büro mit frischer Luft, schönen Bildern an der Wand, Pflanzen in der Ecke, vor einem aufgeräumten Schreibtisch begeisterter und erfolgreicher arbeitet als in einer chaotischen Arbeitsecke bei schlechter Beleuchtung und miefiger Luft.

In der Tat kann man durch eine überlegte Veränderung der Raumbedingungen zu Hause wie im Büro eine Lebensatmosphäre schaffen, die eine ganze Reihe von körperlichen Mißempfindungen, ja sogar Krankheiten zu vertreiben imstande ist.

Die Umgestaltung des Lebensraums ist freilich kein Allheilmittel: Wer ernsthaft erkrankt ist, an einer Infektion beispielsweise oder an gravierenden Funktionsstörungen einzelner Organe, wird durch Feng Shui nicht geheilt. Er gehört in die Behandlung eines Arztes oder Heilpraktikers. Doch unterstützt ein nach Feng-Shui-Regeln verbessertes Ambiente die Genesung und verstärkt die Lebensenergie derart, daß der Organismus künftig weniger anfällig für Krankheiten und körperliche Störungen ist.

Yin und Yang – Motor allen Seins

Alles Übel liegt darin, daß immer eines der beiden komplementären Elemente überwiegt: Es ist zu kalt oder zu heiß, zu dunkel oder zu hell, es herrscht zu große Ruhe, oder man leidet unter Hektik.

Diese Gegensätze machen das Universum aus: Nacht und Tag, Mond und Sonne, Schatten und Licht, Stille und Bewegung, Wasser und Feuer, Freude und Wut.

Doch diese Gegensätze existieren nur in der Theorie. Wir definieren den Zustand der Dunkelheit auf der Erde als Nacht, doch wie flüchtig ist diese Nacht! Unmerklich vermischt sich ein Zustand mit dem anderen. Bald erhält die Nacht eine neue, für uns eindeutig erkennbare Qualität: Wir sprechen vom Morgengrauen. Und die Nacht schwindet, bis schließlich der Tag hereinbricht. Doch auch der Tag ist eine Fiktion: Von dem Augenblick an, wo sich die ersten Sonnenstrahlen am Horizont zeigen, bis zu jenem, wo die Sonne im Zenit steht und unbarmherzig auf die Erde niederbrennt, ist alles in unablässigem Wandel begriffen.

Die chinesische Philosophie sieht in diesem Hin und Her keinen Konkurrenzkampf, bei dem es um Sein

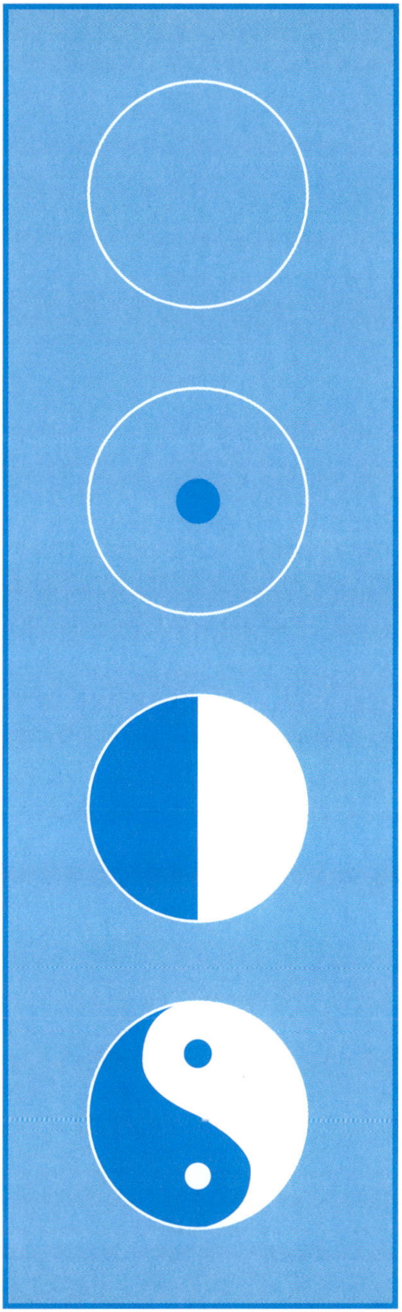

oder Nichtsein geht, um die Vernichtung des Yin oder des Yang. Die Nacht ist ständig im Tag enthalten, auch wenn man dies nicht erkennen kann, und umgekehrt. Tag und Nacht sind eins, nur zeigt sich einmal dieses, einmal jenes Element in schwacher oder starker oder alles überdeckender Ausprägung.

Yang-Energie ist hell und freundlich, sprudelnd, aktiv, nach vorne blickend, süß, weit und groß. Ein lichtdurchflutetes Büro, lachende Menschen in einem Straßencafé, Schwimmen im bewegten Wasser eines Flusses, Laufen über eine weite, bunte Blumenwiese.

Yin-Energie ist geradezu das Gegenteil: dunkel, abgestanden, behäbig, introvertiert, schweigsam, rückwärtsgewandt, schattig. Eine strenge, schmucklose Kirche mit flackernden Kerzen, ein Restaurant mit schäbigen Tischen und schweigenden Gesichtern, eine Ecke mit Gerümpel, ein stehendes Gewässer, über dem sich Schwärme von Stechmücken tummeln.

So verrückt es klingt: Auch die ungeliebten Ausprägungen des Yin müssen sein, denn ihnen wohnt das ersehnte Yang inne. Wichtig ist nur, in jedem Augenblick die richtige Balance zu finden. Und dies gelingt uns mit den Regeln des Feng Shui.

◂ Der leere Kreis stellt die Urenergie Wu-Chi dar.

◂ Im Kreis bildet sich wie bei der Befruchtung der Eizelle eine neue, komplementäre Kraft: Yin und Yang sind geboren.

◂ Yin und Yang wirken aufeinander. Ein ewiger Kreislauf hebt an.

◂ Gegensätzliches Kräftespiel des Tai-Chi: Yin und Yang beherrschen in ständigem Austausch den Kreislauf des Lebens.

Fühlen Sie sich wohl in Ihrem Büro?

Im Büro sollte ein besonders gutes Feng Shui herrschen, weil derjenige, der dort arbeitet, sich den größten Teil seines Lebens dort aufhält.

Wenn aber gerade an diesem Ort eine sehr schlechte Energieverteilung herrscht und den Organismus negativ beeinflußt, rufen diese Umstände Unwohlsein hervor, ja sie können auf die Dauer sogar zu Energieblockaden im Körper führen, woraus ernsthafte Krankheiten erwachsen können. Würde man sich nur dann und wann im Büro aufhalten wie in einem Geschäft, in dem man einkauft, wäre dies hinzunehmen, doch gerade im Büro?

Viele Menschen merken zwar, daß sie sich an ihrem Arbeitsplatz nicht besonders wohl fühlen, doch sie sind der Ansicht, daran nichts ändern zu können. Sie sehen nur eine Möglichkeit: zu kündigen, doch ist es schwierig, eine neue Arbeitsstelle zu bekommen, und außerdem läuft man Gefahr, vom Regen in die Traufe zu kommen. Wer garantiert einem auch schon, daß der neue Arbeitsplatz bessere Voraussetzungen bietet? Und schließlich hätte in der heutigen Zeit niemand dafür Verständnis, wenn man eine Arbeitsstelle nicht antritt oder aufgibt, weil das Feng Shui nicht stimmt.

Oft wissen die Menschen gar nicht, daß es das Büro ist, das ihnen das Leben vergällt und sie krank macht. Die so unfreundliche Umgebung des Büros pflegt man einfach als unabänderlich hinzunehmen nach der weit verbreiteten Ansicht, daß Arbeit eben Arbeit und nicht zur Freude und zum Lustgewinn da sei. Die ungünstige Wirkung des Büros spürt man dann nur indirekt – daran, daß man höchst ungern hingeht und es sofort verläßt, wenn die Arbeitszeit zu Ende ist. Manche Menschen leiden sogar unter körperlichen Beschwerden, solange sie sich an ihrem Arbeitsplatz aufhalten.

Wir haben auf dieser Seite eine Reihe von Fragen aufgeführt, die wir Ihnen zu beantworten empfehlen. So können Sie herausfinden, ob Ihr Büroplatz unter Feng-Shui-Aspekten verbessert werden sollte.

◆ Die Umgebung des Büros

Stellen Sie sich im Geist die Gegend vor, in dem Ihr Büro liegt. Ist es eine gemütliche Kleinstadt oder ein quirliges Cityviertel? Sind viele Läden und Restaurants in der Nähe? Wirkt die Gegend eintönig und trist? Handelt es sich um ein uniformes, gesichtsloses Industrieviertel, das nach Geschäftsschluß einer Geisterstadt gleicht und wo es weder Restaurants noch Geschäfte gibt?

Gehen Sie in der Mittagspause gern in der Gegend Ihres Büros einkaufen oder spazieren? Oder sind Sie froh, wenn Sie wieder im Büro zurück sind? Gehen Sie hin und wieder alleine oder mit Kollegen nach Feierabend in ein Lokal oder Café in der Nähe Ihres Büros?

Ist Ihr Büro mit öffentlichen Verkehrsmitteln gut zu erreichen? Haben Sie dort Parkplatzprobleme?

Fühlen Sie sich auf dem Weg ins Büro sicher, oder müssen Sie dabei an Menschen vorbei, die Ihnen unangenehm sind und von denen Ihnen sogar eine Gefahr drohen könnte?

◆ Das Bürogebäude

Stellen Sie sich das Geschäftshaus vor, in dem sich Ihr Büro befindet. Handelt es sich um einen modernen Bau oder um ein älteres Wohnhaus, das später zu einem Geschäftshaus umgebaut wurde? Kommt Ihnen das Haus mehr als Geschäftshaus vor oder als Wohnhaus, in dem man zufälligerweise Büros eingerichtet hat?

Zeigt das Gebäude „Charakter“? Empfinden Sie es als schön, unbedeutend oder häßlich? Scheint es Ihnen ohne weiteres gegen benachbarte Gebäude austauschbar zu sein? Läßt Sie seine Fassade oder der Eingangsbereich kalt, oder empfinden Sie eine gewisse Faszination, ja sogar etwas wie Stolz, daß sich Ihr Büro gerade in diesem Haus befindet?

Ist Ihnen das Gebäude inzwischen irgendwie ans Herz gewachsen, vielleicht sogar ein Teil Ihres Lebens geworden, oder würden Sie sich davon lieber jetzt als später mit Freuden trennen?

Stellen Sie sich vor, Sie wären Unternehmer und müßten ein Bürohaus kaufen: Würden Sie sich für dieses Haus entscheiden? Oder wie müßte Ihr Traum-Bürohaus aussehen?

Ist Ihnen das Gebäude zu groß, zu unpersönlich, oder finden Sie die Größe gerade richtig, ja sogar gemütlich?

Was empfinden Sie, wenn Sie an einem schönen Sommertag auf das Gebäude zugehen? Welche Gefühle haben Sie, wenn der Himmel grau ist und es regnet? Gefällt Ihnen der Farbton, in dem das Gebäude gehalten ist, stößt er Sie ab, oder macht er Sie manchmal sogar aggressiv? Finden Sie die möglicherweise an der Fassade angebrachten Schriftzüge zutreffend und angenehm, oder stört Sie daran etwas?

◆ Der Eingang zum Büro

Liegt zwischen dem Betreten des Bürogebäudes und dem Erreichen Ihrer Arbeitsstelle ein weiter Weg? Führt Sie der Weg geradlinig zu Ihrem Büro, oder müssen Sie über verschiedene Treppen und durch verwinkelte Gänge zu Ihrem Arbeitsplatz finden?

Müssen Sie dabei auch einen Fahrstuhl benützen? Haben Sie schon einmal daran gedacht, lieber die Treppe zu nehmen, weil Ihnen der Fahrstuhl zu klein oder zu unsicher erscheint?

Kommt Ihnen der Weg zum Büro ordentlich, wegen aufgestellter Pflanzen oder Bilder an den Wänden sogar abwechslungsreich vor, oder stören Sie sich an willkürlich abgestellten Kartons und Geräten? Erscheint der Weg vernachlässigt, wirken Boden und Wände schmutzig? Stören bestimmte Gerüche aus der Küche oder den angrenzenden Fabrikationsanlagen? Ist es sehr laut? Haben Sie insgeheim manchmal Angst bei dem Gedanken, es könne hier ein Feuer ausbrechen, und Sie hätten Probleme, rasch die Flucht zu ergreifen?

◆ Der Flur vor Ihrem Büro

Liegt Ihr Büroraum am Ende eines Flurs? Oder arbeiten Sie in einem Großraumbüro, das Sie durch eine breite Glastür betreten? Werden Sie beim Betreten Ihres Büros durch einen Mitarbeiter oder ein Zeiterfassungssystem kontrolliert?

Liegt Ihr Büro mitten im Geschehen des Betriebs oder eher am Rande? Haben Sie es weit, um zu anderen Kollegen zu kommen, oder befinden Sie sich mit diesen sozusagen Tür an Tür? Wie empfinden Sie generell die Möglichkeit, mit anderen Mitarbeitern zu kommunizieren, eventuell auch hin und wieder ein privates Wort zu wechseln?

Finden Sie die unmittelbare Umgebung Ihres Büroeingangs unscheinbar oder geschmackvoll? Trennt eine besonders interessant gestaltete Tür, eventuell aus Glas, das Büro vom Flur?

Steht Ihr Name an der Tür? Gibt es im Umfeld Ihrer Bürotür Pflanzen oder Bilder an den Wänden?

◆ Der Büroraum

Betreten Sie Ihr Büro im Geiste einmal so, als ob es das erste Mal wäre. Welchen Eindruck würde der Raum auf Sie machen? Kommt er Ihnen zu klein oder zu groß vor? Zu hell oder zu dunkel? Wie riecht der Raum?

Jeder Punkt und jede Frage soll Ihnen helfen, sich über Ihre Einstellung gegenüber Ihrem Büro, seiner Umgebung und seiner Ausstattungsdetails bewußt zu werden.

Notieren Sie es sich, wenn Sie eine Frage negativ beantworten müssen. Es könnte sein, daß Sie damit einen Zipfel Ihres komplexen Büroproblems in der Hand halten, an dem Sie ziehen müssen, um der ganzen Problematik auf die Spur zu kommen.

Macht er einen sauberen oder eher vernachlässigten Eindruck auf Sie? Welche Farbe haben Decke, Wände und Bodenbelag?

Hat der Raum nur einen Eingang, oder gibt es noch andere Türen zu den Nachbarzimmern? Sind die Türen schmal oder breit? Öffnen sie sich nach innen oder außen? Wenn zwei Türen beim Öffnen gegeneinanderschlagen, blockieren sie sich dann gegenseitig?

Ist das Büro Ihres Chefs in der Nähe oder weit von Ihrem Arbeitsraum entfernt?

◆ Die Geräuschkulisse

Wenn Tür und Fenster geschlossen sind, ist es dann leise im Raum, oder hört man Reden und Telefonate von nebenan? Können Sie den Straßenlärm auch bei geschlossenen Fenstern hören? Und wie laut ist der Verkehr, wenn man das Fenster – etwa an einem heißen Sommertag – öffnen muß? Läßt sich das Fenster – bei klimatisierten Räumen – überhaupt von innen aufmachen?

◆ Fenster und Ausblick

Hat der Raum überhaupt ein Fenster? Sind die Fenster groß, und lassen sie viel Helligkeit herein? Nach welcher Himmelsrichtung zeigen die Bürofenster? Haben Sie manchmal die Sonne direkt im Gesicht? Welchen Ausblick haben Sie? Blicken Sie nur auf eine gegenüberliegende graue Hauswand, oder haben Sie einen weiten, schönen Blick auf die Stadt oder gar ein Stück Natur vor dem Haus?

◆ Temperatur und Licht

Empfinden Sie die Raumtemperatur als angenehm? Ist die Luft trocken? Bemerken Sie Zugluft? Hört man das Geräusch der Klimaanlage?

Wie sind die Lichtverhältnisse bei Tag? Beleuchten die Deckenlampen den Raum auch bei Dunkelheit ausreichend? Empfinden Sie die Deckenbeleuchtung als wohltuend, zu grell oder zu spärlich? Wie angenehm ist das Licht der Tischlampe? Reflektiert sich eine Lampe im Bildschirm des Computers?

◆ Kollegen

Haben Sie ein Einzelzimmer, oder sitzen Sie mit anderen Personen zusammen? Können Sie Ihren Kollegen bzw. Ihre Kollegen bei der Arbeit gut beobachten und diese Sie ebenso? Empfinden Sie die Distanz zu den unmittelbaren Mitarbeitern als ausreichend, oder haben Sie manchmal das Gefühl, daß Ihnen die anderen zu sehr auf die Pelle rücken oder gar Ihre Arbeit kontrollieren können? Können Fremde durch eine Glaswand ins Büro schauen und Sie bei der Arbeit beobachten?

Sitzen Sie mit dem Rücken zu einem oder mehreren Kollegen? Haben Sie die Tür im Rücken? Sitzen Sie unmittelbar am Fenster?

◆ Schreibtisch und Stuhl

Wo steht Ihr Schreibtisch im Raum? Ist er im hinteren Bereich plaziert und vielleicht so, daß Sie noch teilweise von einem Regal verdeckt sind und von den anderen Kollegen und eintretenden Kunden kaum bemerkt werden? Steht Ihr Schreibtisch nahe oder gegenüber dem Eingang? Sitzen Sie mit dem Rücken zur Tür oder ihr direkt gegenüber? Haben Sie von Ihrem Schreibtisch aus das Gefühl, den ganzen Raum beobachten und kontrollieren zu können? Sitzen Sie mit dem Gesicht zur Wand?

Haben Sie einen uralten, verschlissenen Schreibtisch, in dessen Oberfläche viele Kratzspuren und Flecken zu sehen sind und dessen Schubladen sich nur mit Kraftanwendung und unter Quietschgeräuschen öffnen lassen? Oder ist Ihr Schreibtisch ein modernes Modell? Welche Farbe hat er? Aus welchem Material besteht er? Ist Ihnen die Schreibtischplatte zu klein oder zu groß? Haben Sie ausreichend Ablagemöglichkeiten zur Verfügung, eventuell einen kleinen Beistelltisch?

Haben Sie irgendwelche persönlichen Dinge – beispielsweise ein Porträtfoto im Rahmen, einen wertvollen Briefbeschwerer oder eine Vase mit Blumen – auf dem Schreibtisch stehen?

Finden Sie Ihren Schreibtischsessel bequem? Ist er Ihnen nicht zu niedrig oder zu hoch? Erlaubt er Ihnen die richtige Übersicht über Ihr ganzes Arbeitsareal?

◆ Die übrige Ausstattung

Haben Sie einen eigenen Kleiderschrank? Befindet er sich außerhalb oder innerhalb des Büros?

Finden Sie, daß sich im Raum zu viele oder zu wenige Möbel befinden? Haben Sie ein Gefühl der Leere oder der Bedrückung? Würden Sie gerne das eine oder andere Inventarstück an anderer Stelle plazieren oder überhaupt aus dem Raum entfernen? Halten Sie noch ein weiteres Möbelstück für notwendig?

Befinden sich Pflanzen im Raum? Würden Sie die Pflanzen anders plazieren? Mögen Sie diese Pflanzen, oder würden Sie sie lieber entfernen und durch andere ersetzen?

Hängen Bilder an der Wand? Schauen Sie beim Nachdenken hin und wieder auf diese Bilder, oder finden Sie sie eher lästig, kitschig, unpassend, billig oder störend?

An Hand der einzelnen Kriterien können Sie einen Negativkatalog zusammenstellen, der Ihnen zum erstenmal systematisch die Schwachstellen Ihres Büros vor Augen führt. Nach dieser Diagnose fällt die Therapie nicht mehr schwer.

Das Bagua – System für alle Raumbereiche

Um Ihr Büro und den Schreibtisch analysieren und Feng-Shui-gemäß korrigieren zu können, gibt es ein einfaches Rasterschema, mit dessen Hilfe Sie relativ problemlos herausfinden können, wo und in welcher Art und Weise man korrigierend eingreifen kann.

Jeder Raum ist ein lebender Organismus

Nehmen Sie als Beispiel den Raum Ihres Büros – es kann aber auch eine weite Landschaft sein, eine Siedlung, ein Wohnhaus, jeder andere Raum in diesem Haus, der Garten oder sogar nur die Fläche Ihres Schreibtischs. Dieser Raum ist ein lebendiger Organismus mit verschiedenen Organen, die alle eine sinnvolle Funktion ausüben, damit der Gesamtorganismus harmonisch existieren kann.

Die Chinesen haben nun ein Schema in Form eines Quadrats entwickelt und dieses in neun Felder eingeteilt. Es heißt Bagua, was übersetzt soviel bedeutet wie Körper des Drachen.

Die einzelnen Felder – die Organe des Raum-Organismus – sind mit Begriffen besetzt, die Bereiche des menschlichen Lebens bezeichnen wie Reichtum, Ruhm, Partnerschaft, Familie, Kinder, Wissen, Karriere und hilfreiche Menschen. Legt man das Raster auf den Grundriß eines Raums, kann man die einzelnen Raumsegmente den entsprechenden Bagua-Feldern zuordnen.

Wenn beispielsweise ein Raumfeld Partnerschaft heißt, muß man diese Symbolik der persönlichen Situation des Raumbewohners entsprechend deuten: Wenn gerade in dieser Ecke altes Gerümpel steht, unterstützt dies nicht gerade partnerschaftliche Harmonie. Zwei ästhetische Porzellanfigürchen wären dazu eher geeignet.

Auf der folgenden Doppelseite finden Sie das Bagua-Raster abgedruckt, mit dem Sie arbeiten können.

Die neun Felder des Bagua sind jeweils einem Lebensaspekt zugeordnet. Der Zustand jedes Raumabschnitts entspricht der Lebenssituation des Bewohners dieses Raums.

Partnerschaft

Kinder

Hilfreiche Menschen

Wer mit der Denkweise des Feng Shui noch nicht vertraut ist und zum erstenmal vom Bagua hört, kann sich nicht so ohne weiteres vorstellen, wie eine Raumgestaltung nach den Bagua-Feldern sinnvoll funktioniert. Deshalb gleich am Anfang eine Warnung, ein Hinweis.

Das Bagua sagt nicht: Gestalte die linke hintere Raumecke, die Reichtum bedeutet, so und so, dann wirst du eine Million Mark im Lotto gewinnen. Oder: Achtest du mit besonderer Aufmerksamkeit auf die rechte hintere Ecke des Raums, die Partnerschaft bedeutet, dann wirst du endlich deine langersehnte Traumfrau finden.

So platt und direkt darf man das Bagua nicht verstehen. Es ist eine sehr subtile Methode, die Verteilung der Raumenergie auf persönliche Umstände und Eigenschaften abzustimmen. Der eine Mensch interpretiert die Symbolik so, für den anderen kann sie sich wieder ganz anders ausnehmen. Das liegt einfach daran, daß jeder verschieden ist und anders mit sich und seiner Umwelt korrespondiert. Man muß also schon einige Phantasie entwickeln, um die Hinweise des Bagua subtil zu interpretieren und in eine Raumanalyse und eine entsprechende Raumveränderung umzusetzen.

Das Bagua gibt keine Patentrezepte, sondern stimuliert die Phantasie jedes einzelnen, für sich das „Raumklima" zu schaffen, in dem man sich rundum wohl fühlt, seine Aufgaben bewältigen und sich positiv weiterentwickeln kann.

Das Anlegen des Baguas auf einen Raum

Wenn Sie das Bagua-Schema auf einen Raum oder auch nur auf die Platte Ihres Schreibtischs übertragen wollen, legen Sie es bitte auf die folgende Weise an:

Die untere Linie des Feldes, also die Linie, auf der von links nach rechts Wissen, Karriere und hilfreiche Menschen liegen, soll immer an der Eingangstür zu dem Raum liegen, den Sie analysieren wollen. Die Tür kommt also, je nachdem, wie sie im Verhältnis zum Raum liegt (seitlich oder in der Mitte), auf eines der unteren drei Felder.

Wenden Sie das Bagua auf einen Schreibtisch an, so entspricht der Stuhl dem unteren mittleren Feld, das für Karriere steht. Die Arbeitsfläche direkt vor Ihnen ist das Zentrum des Baguas, Tai-Chi genannt. Auf der linken Schreibtischseite steht die Familie, rechts Kinder. Der Hintergrund des Schreibtischs ist von links nach rechts mit den Feldern Reichtum, Ruhm und Partnerschaft belegt.

Neben Ihrem Schreibtischsessel ist links das Wissen plaziert, rechts davon befinden sich die hilfreichen Menschen. Falls Sie rechts oder links vom Schreibtisch ein Regal oder einen Beistelltisch stehen haben – auf dem vielleicht der Computer steht –, gelten dafür die Felder Wissen und hilfreiche Menschen.

Wenn Räume nicht rechteckig sind

Feng Shui geht davon aus, daß ein idealer Raum immer die Form eines Rechtecks haben muß. Grundrisse in L-, T- oder U-Form sind negativ zu bewerten: Legt man sie unter das Bagua-Raster, so sieht man schnell, warum dem so ist. Ein L-förmiges Zimmer etwa verfügt nicht über alle Bagua-Felder, und das bedeutet – je nach Lage –, daß dem Raum ein Element fehlt. Wäre dies beispielsweise das Feld Reichtum, so müßte sich der Bewohner des Büros Gedanken darüber machen, ob er nicht an einem Defizit, das in die Kategorie „Reichtum" fällt, leidet. Dieser Mangel muß sich beileibe nicht auf ein Bankkonto in den roten Zahlen beziehen, es kann sich auch um ganz andere Defizite handeln: um Defizite in der menschlichen Beziehung zu Arbeitskollegen, in der Entwicklung des Gehalts oder in einem zu gering ausgebildeten Selbstbewußtsein.

Die Felder des Baguas

- ***Reichtum:*** *Mit diesem Feld stehen alle Dinge in Verbindung, die das Leben bereichern, intensiver und schöner machen können. Es geht also nicht nur vordergründig um Geldvermehrung, wenngleich eine Verbesserung der finanziellen Situation natürlich damit auch gemeint sein kann. Wer sich geistig bereichert, sein Selbstwertgefühl steigert, kraftvoll neue Aufgaben anpackt, wird es auch zu materiellem Reichtum bringen. Die Hilfsmittel dazu sind: Schalen, die Besitztum anziehen, Zimmerbrunnen, Aquarien.*

- ***Ruhm:*** *Damit ist das Ansehen gemeint, das wir uns bei anderen verschaffen. Man wird aber nur geachtet, wenn man eine gefestigte Persönlichkeit ist. Die Hilfsmittel dazu: Bilder mit Tiefe, harmonische Landschaften.*

- ***Partnerschaft:*** *Diese Zone betrifft die Beziehung zu Vorgesetzten, Kollegen und Kunden. Die Hilfsmittel: Vase mit zwei Rosen, zwei Figürchen (Schwäne, Delphine), Ständer mit zwei Kerzen.*

- ***Familie:*** *Diese Zone betrifft Beziehungsprobleme zwischen Familienmitgliedern, aber auch zu Lehrern und Vorgesetzten. Hilfsmittel: Bilder mit Menschen, die sich mögen.*

- ***Tai-Chi:*** *Im Zentrum des Raums trifft sich alle Energie. Hier muß es aufgeräumt und ordentlich aussehen. Hilfsmittel dazu sind: helle oder raffiniert gestaltete Deckenlampe, runder Teppich in der Raummitte.*

- ***Kinder:*** *Hier wohnt die Energie kindlicher Kreativität, womit auch das Gedeihen von Ideen gemeint ist. Hilfsmittel dazu sind: Blumen, Mobiles, Kristalle, Klangspiele.*

- ***Wissen:*** *Gemeint ist innere Reife, tieferes Wissen. Hilfsmittel dazu sind: Bücherregale, Fotos bedeutender Menschen.*

- ***Karriere:*** *Erfüllung der Lebensaufgabe, beruflicher Erfolg, Weiterkommen. Hilfsmittel: Zimmerbrunnen, Bilder von Wasserfällen.*

- ***Hilfreiche Menschen:*** *Unterstützung und Schutz durch andere. Hilfsmittel: Bilder von Freunden und Vorbildern, Gegenstände aus Metall.*

Der beste Schreibtisch

Das Büro ist für alle, die dort regelmäßig ihre Arbeit verrichten, zweifellos der bedeutsamste Raum ihres Lebens. Noch wichtiger ist aber ein einziges Möbelstück im Büro, nämlich der Schreibtisch. Dort sitzt man, dort wird nachgedacht und gearbeitet.

Der Schreibtisch als Indikator und Spiritus rector

Wenn Sie in der nächsten Zeit Kollegen Ihrer Firma in deren Büros aufsuchen oder bei anderen Firmen zu Besuch sind, wenn Sie die Gelegenheit haben, bei Freunden und Bekannten deren Arbeitszimmer in Augenschein zu nehmen, dann achten Sie doch einmal genau darauf, wie die Schreibtische anderer Menschen aussehen.

Beobachten Sie systematisch. Wo steht der Schreibtisch? Versteckt und eher achtlos in einer Ecke? Vielleicht noch von einer Regalwand abgeschirmt? Oder haben Sie das Gefühl, der Schreibtisch ist mit Bedacht in eine versteckte Zone gerückt worden, um das Private zu unterstreichen?

Größe und Art eines Schreibtisches sind ebenso aufschlußreich: Handelt es sich dabei eher um eine Art Beistell- oder Ablagetisch, an dem nur gelegentlich gearbeitet wird? Wird der Schreibtisch von seinem Eigentümer eher als Schmuckstück verstanden? Wie groß ist die Schreibtischplatte? Ist das Arbeitsutensil altmodisch oder modern? Verrät es den persönlichen Geschmack seines Besitzers? Wirkt es extravagant?

Und natürlich läßt die Anordnung der verschiedensten Gegenstände wie

Ein Schreibtisch und seine Ordnung lassen tiefe Rückschlüsse auf die Persönlichkeit des Menschen zu, der daran arbeitet.

Der Platz hinter dem Schreibtisch beherrscht den Raum: Die Falttür links und die Tür oben sind fest im Blickfeld, das Fenster liegt nicht direkt hinter dem Schreibtischsessel, sondern etwas seitwärts.

Zwei Schreibtische, die dergestalt aneinandergebaut sind, daß sich beide Mitarbeiter gegenübersitzen oder auch mit dem Blick zur Wand parallel nebeneinandersitzen können. Schön sind die runden Kanten der Schreibtischfläche, das große Wandbild und die Grünpflanze links, die das Chi am Fenster sanft abbremst.

Manuskripte, Akten, Bücher, Schreibgeräte oder Büromaschinen auf der Arbeitsplatte wichtige Rückschlüsse auf die Arbeitsweise desjenigen zu, der hier sitzt. Zwar kann man einen Menschen nicht nur nach der Ordnung auf seinem Schreibtisch beurteilen, doch erste Anhaltspunkte für sein Wesen und die Qualität seiner Arbeit sind so durchaus möglich.

Wenn Sie sich bewußt gemacht haben, wie unterschiedlich ein Schreibtisch aussehen kann, wissen Sie, warum es für die Harmonie und Effizienz der Arbeit so entscheidend ist, für welchen Schreibtisch Sie sich entscheiden und wie Sie die Hilfsmittel für Ihre Arbeit dort verteilen.

Wir haben die wichtigsten Punkte zusammengetragen, die Sie berücksichtigen sollten, wenn Sie sich einen neuen Schreibtisch anschaffen oder versuchen, den alten zu optimieren.

◆ Abhängig vom Grundriß des Büros, der Lage von Fenstern wie Türen und Anzahl und Art des übrigen Inventars müssen Sie Ihren Schreibtisch an der prominentesten Stelle im Raum plazieren. Überlegen Sie einfach, von welcher Stelle aus Sie im Raum alles unter Kontrolle haben. Dies ist der stärkste Platz für Ihren Schreibtisch.

◆ Kompromisse sind meist unumgänglich, nur in einigen Punkten müssen Sie hart bleiben: Sitzen Sie niemals mit dem Rücken zur Tür! Behalten Sie aber auch die Fenster im Auge! Türen und Fenster sind die Öffnungen, durch die Chi in den Raum gelangt und wieder entschwindet.

◆ Wenn Sie Selbstwertprobleme haben und sich gegenüber Arbeitskollegen, die mit Ihnen den Raum teilen, unsicher und dadurch in Ihrer Entwicklung blockiert fühlen, können Sie auch mit einem Trick Abhilfe schaffen: Erhöhen Sie Ihren Schreibtisch und die Sitzgelegenheit, so daß Sie auf die anderen „herabschauen". Können Sie den Schreibtisch nicht höher stellen, so sollten Sie zumindest darauf achten, den Bürostuhl so hoch wie möglich zu drehen. Daß Sie jetzt aus höherer „Warte" auf die anderen blicken, wird Ihr Selbstbewußtsein mit allen Konsequenzen stärken.

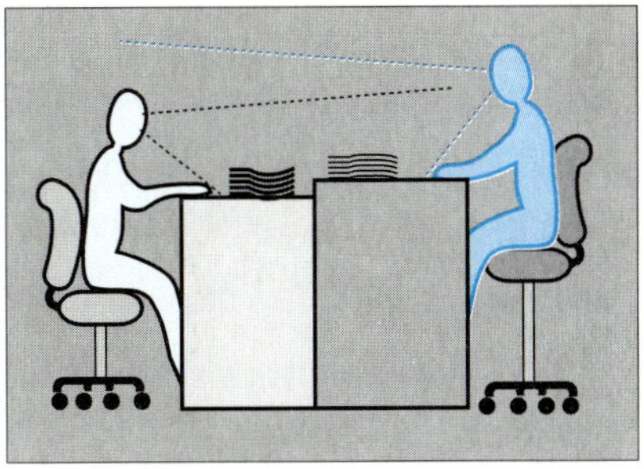

Der Mitarbeiter mit höherem Schreibtisch und Stuhl ist gegenüber dem Kollegen im Vorteil. Die „überragende" Sicht vergrößert sein Selbstbewußtsein.

◆ Wenn die Sonne in Ihr Zimmer scheint, dürfen Sie keinen Schreibtisch mit Blick aufs Fenster haben. Sie würden ständig unter der Blendung leiden, und alle Besucher, die vor Ihrem Schreibtisch Platz nehmen, wären Ihnen gegenüber im Vorteil. Es muß gerade umgekehrt sein: Sie haben die Sonne im Rücken, und den Besuchern fällt sie ins Gesicht. Dies unterstreicht Ihre Macht.

◆ Wählen Sie keinen Schreibtisch mit einer zu kleinen Arbeitsplatte. Auch

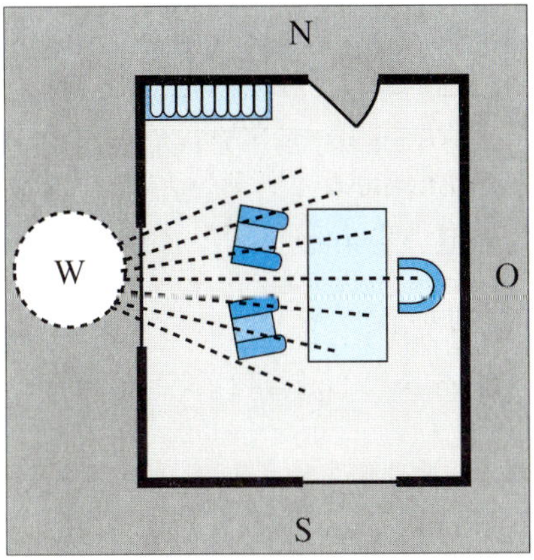

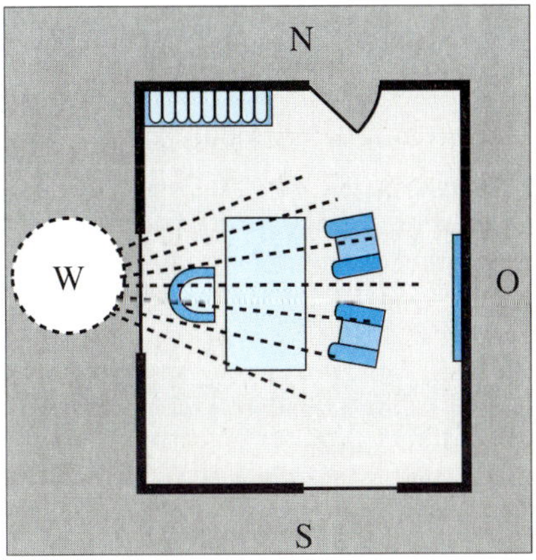

Wenn die Sonne scheint, hat der Mitarbeiter im linken Bild das ganze Licht im Gesicht und wird geblendet. In der Abb. rechts fällt die Sonne auf den Rücken des Büroinhabers und blendet die Besucher: Hier ist die Machtverteilung eindeutig.

Obwohl die Arbeitsfläche hier sehr klein ist, bleibt noch ausreichend Bewegungsfreiheit auf dem Schreibtisch, weil der Bildschirm tief in der Ecke steht.

Dieser Schreibtisch ist übersichtlich. Wenn er auch teilweise gegen die Wand schaut, bleibt genügend freier Raum gegen das Fenster hin.

Die Bücherwand im Rücken „erdrückt" den am Schreibtisch Sitzenden. Wahrscheinlich werden immer wieder Kollegen hereinkommen und ein Buch suchen. Diese Unruhe macht nervös.

wenn Sie nur wenige Dinge für Ihre Arbeit auf dem Tisch benötigen, wirkt eine weite, großzügige Tischplatte äußerst anregend und befreiend. Sie haben so genügend Fläche zur Verfügung, alle Dinge auch „im Geiste" zu ordnen. Die konkreten Umstände auf der Tischplatte vor Ihnen übertragen sich unweigerlich auf Ihr Bewußtsein.

◆ Schaffen Sie sich zusätzliche Ablagemöglichkeiten, damit Sie die Arbeitsfläche nicht mit allem Kram, vor allem Geräten, blockieren müssen. Der Schreibtisch vor Ihnen sollte immer frei sein. Wenn es soweit gekommen ist, daß Ihnen Ihre Mitarbeiter neue Akten vorlegen und damit die Unterlagen zupflastern, an denen Sie gerade arbeiten, müssen Sie rasch Ihre „Schreibtischfreiheit" wieder herstellen. Ein Ablage- oder Beistelltisch ist dabei eine große Hilfe.

◆ Plazieren Sie den Bildschirm Ihres PCs besser nicht auf dem Schreibtisch, wenn dieser eine zu geringe Tiefe hat, sondern auf einem seitlich gestellten Computertisch. Günstig sind auch Schreibtische in L-Form, die es erlauben, den Bildschirm neben sich zu haben.

◆ Achten Sie darauf, daß der Rechner Ihres PCs unter dem Tisch und so weit wie möglich von Ihnen entfernt aufgestellt wird. Setzen Sie sich auch nicht mit der Nase direkt vor dem Bildschirm hin. Halten Sie alle Kabel möglichst weit von sich entfernt.

◆ Stellen Sie das Telefon auf eine kleine Plattform mit Schwenkarm. Weder die Telefonleitung noch das Kabel einer Computermaus darf Ihre Arbeitsfläche kreuzen.

◆ Stapeln Sie Schriftstücke nicht querbeet über die ganze Arbeitsfläche. Dieses Material gehört in Ablagefächer eines Aktenschrankes, wobei nur die aktuellsten Vorgänge in einer Ablageschale auf dem Schreibtisch stehen. Unerledigte Arbeit ständig im Blickfeld zu haben, blockiert Ihren Arbeitseifer und Weitblick.

◆ Sie können auch die Zonen des Baguas auf Ihre Schreibtischplatte anwenden und so entsprechend Ihren persönlichen Wünschen und Schwerpunkten das Telefon, Diktiergerät, Nachschlagewerke oder Unterlagen plazieren. Ist das Telefonieren zum Beispiel für Ihre Karriere besonders wichtig, sollten Sie es in die Partnerschafts-Zone rücken. Das Bagua legen Sie am Schreibtisch so an, daß Sie vor dem Karriere-Feld sitzen.

Ordnen Sie die Schreibtischplatte nach den Feldern des Baguas.

Eine interessante Lösung für ein Büro mit drei Arbeitsplätzen. Keiner der Mitarbeiter sitzt ganz mit dem Rücken zum Fenster. Die in der Mitte angeordneten Bildschirme schaffen eine gewisse Intimität. Ohne die Bildschirme hätten die Mitarbeiter ständig direkten Blickkontakt miteinander.

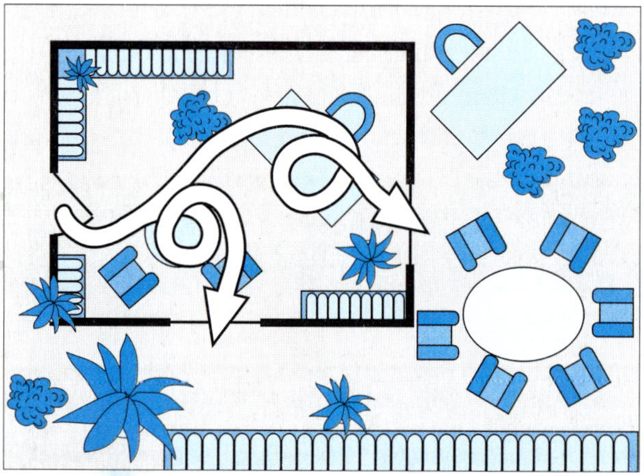

Ein Feng-Shui-gemässes Büro planen

Wenn Sie das Glück haben, Ihr Büro oder Arbeitszimmer von vornherein selbst planen zu können, ist das natürlich der Idealfall. Sie sind dann in der Lage, in aller Ruhe verschiedene Möglichkeiten durchzuspielen, wie Sie die einzelnen Inventarteile am günstigsten im Raum verteilen.

Aber auch in diesem Fall sind Ihnen leidige Grenzen auferlegt: Der Raum, in dem Sie künftig arbeiten werden, ist von der Situation Ihrer eigenen Wohnung beziehungsweise Ihres Hauses vorgegeben oder von Ihrem Arbeitgeber.

Der ideale Raum

Handelt es sich um ein rechteckiges Zimmer mit gerader Decke und einem oder mehreren Fenstern, können Sie sich glücklich preisen. Die äußeren Bedingungen sind dann tatsächlich so, daß Sie einen im Sinne des Feng Shui nahezu ideal auf Ihre körperlichen und geistigen Bedürfnisse zugeschnittenen Arbeitsraum schaffen können.

Falls der Raum aber in seiner Grundfläche vom Rechteck abweicht und beispielsweise L-förmig ist oder eine Dachschräge hat, sieht die Lage nicht mehr ganz so rosig aus.

Sowohl den unregelmäßigen L-förmigen Grundriß wie die Dachschräge müssen Sie mit entsprechenden Hilfsmitteln geschickt ausgleichen. Das zu einem Rechteck fehlende Feld des Raums können Sie mit dem Bagua-Schema ermitteln und sehen dann, in welchem Bereich das Defizit liegt. Durch Verstärken anderer Bereiche läßt sich ein Ausgleich schaffen.

Nach den Vorgaben des Baguas fehlende Zonen lassen sich durch Verstärkung anderer Felder einigermaßen kompensieren.

Die negative Wirkung der Dachschräge können Sie mildern, indem Sie die Möbel so im Raum anordnen, daß der Schreibtisch auf keinen Fall unter oder in der Nähe der abfallenden Decke steht. Auch sollte der Raum besonders hell gestaltet werden (weiße Tapete, freundliche Pastellfarben, geschickte, vielleicht sogar indirekte Beleuchtung), da Räume mit Dachschrägen oft einen erheblichen Lichtmangel haben. Mit Pflanzen, Mobiles und Spiegeln läßt sich da aber einiges korrigieren.

Falls Ihr Arbeitgeber Ihnen vor Arbeitsantritt ein neues Büro einrichtet – bei leitenden Mitarbeitern ist dies oft der Fall – und Ihre Wünsche weitgehend zu berücksichtigen bereit ist, sollten Sie sich die Mühe machen, nicht nur die Büromöbel auszuwählen, sondern auch deren Arrangement im Raum selbst in die Hand zu nehmen.

Tips für die Planungsskizze

Es lohnt sich, für ein neues Büro oder auch dieUmgestaltung des alten Büros eine Reihe verschiedener Planungsskizzen anzufertigen.

Wenn Sie sich ein neues Auto zulegen, geben Sie sich viel Mühe: Sie laufen vom einen Händler zum anderen, wälzen Prospekte, stellen Vergleiche an und unternehmen diverse Probefahrten. Ihr neues Büro dagegen ist eigentlich viel wichtiger für Sie: Denken Sie an die Zeit, die Sie künftig dort zubringen werden. Es sollte selbstverständlich sein, für die Neueinrichtung dieses Raums auch etwas Zeit zu investieren.

Besorgen Sie sich zuerst ein paar Bogen festen Zeichenkarton, und zeichnen Sie darauf – einigermaßen maßstabsgerecht – die Grundrisse der verschiedenen Büromöbel und anderer Gegenstände, die Sie benötigen. Dann fertigen Sie eine Skizze an, die den Grundriß des Büros mit allen Fenstern und Türen zeigt. Und jetzt können Sie spielen: Rücken Sie den Schreibtisch einmal an diese Wand, dann an die andere. Verfahren Sie mit dem Aktenschrank und der Kleiderablage ebenso. Selbst nette Accessoires wie eine große Grünpflanze oder ein Bild an der Wand können Sie in Ihre Skizze bereits einbeziehen.

Sie können jede Version fotokopieren – dazu müssen Sie die Einzelelemente, die die Büromöbel darstellen, leicht und provisorisch mit Tesa-Film festkleben –, damit Sie am Schluß die verschiedenen Pläne miteinander vergleichen können.

Diese Methode können Sie natürlich auch dann einsetzen, wenn Sie nur Ihr altes Büro etwas umgestalten wollen und vor der Mühe zurückschrecken, Schreibtisch und Schränke zu verrücken, um dann die Wirkung des neuen Arrangements zu begutachten. Vollbeladene Schreibtische, Karteischränke und Computer lassen sich nicht so einfach umstellen, nur damit man einmal sieht, wie sich das Ganze in anderer Plazierung ausnimmt. Praktischer sind da schon gewisse Vorarbeiten mit einer genauen Skizze der Möbelverteilung.

Wenn Sie zeichnerisch begabt sind, können Sie natürlich auch aufs Ausschneiden eindimensionaler Modelle verzichten und gleich mit Lineal und Geodreieck maßstabsgerechte Skizzen anfertigen.

Büro oder Arbeitszimmer?

Ein häusliches Arbeitszimmer ist in der Regel nicht so wichtig, weil man sich hier höchstens gelegentlich in seiner Freizeit aufhält. Deshalb muß man daran nicht so hohe Ansprüche stellen wie an ein richtiges Büro, das man täglich von morgens bis abends nutzt. Ein „richtiges" Büro ist natürlich auch der Arbeitsplatz eines Freiberuflers, wie beispielsweise eines Schriftstellers, Journalisten, eines Software-Entwicklers oder auch eines Lehrers zu Hause.

Auch beim Arbeitsplatz eines Schülers, gleich ob in der Grundschule oder kurz vor dem Abitur, sollten Sie strenge Anforderungen an das Arrangement der Möbel und anderer Gegenstände stellen. Schüler verfügen in der Regel nicht über einen eigenen Arbeitsraum; in ihrem Zimmer ist dazu aber eine Ecke als eigener Arbeitsbereich eingerichtet. Da Lernen eine schwierige und wichtige Sache ist, müssen Sie dabei auch alle wichtigen Punkte bedenken.

Oft ist im Wohnbereich eine kleine Arbeitsecke integriert. Wenn man nur gelegentlich einen Brief schreibt, braucht man auf diesen Arbeitsplatz nicht viel Mühe zu verschwenden.

Korrektur eines bestehenden Büros

Wenn Sie vor der Lektüre dieses Buches bereits einmal darüber nachgedacht haben, ob Sie nicht diese oder jene Veränderung in Ihrem alten Büro vornehmen sollten, dann gibt es sicher einen Grund, dies auch wirklich bald zu tun.

Wenn Sie mit Ihrem Büro zufrieden, ja sogar glücklich sind, Ihnen dementsprechend auch die Arbeit wie

Abb. rechts oben zeigt einen Schreibtisch gegen das Fenster. Der Mitarbeiter hat die Tür im Rücken. Chi fließt in rasender Schnelligkeit durch die Tür zum Fenster hinaus.

Die Grünpflanze in der Abb. darunter bremst den Energiefluß und schützt teilweise auch den immer noch mit dem Rücken zur Tür Sitzenden. Die Situation hat sich leicht verbessert.

geschmiert von der Hand geht und Sie über Mangel an beruflichem Erfolg nicht klagen können, brauchen Sie dieses Buch eigentlich nicht, denn dann haben Sie bereits alles richtig gemacht, oder glückliche Umstände haben Ihnen ein fast perfektes Feng-Shui-Büro beschert.

Es könnte aber auch folgende Situation vorliegen: Sie haben noch nie ernsthaft erwogen, Ihr Büro zu verändern, weil man an so etwas einfach nicht denkt und es auch gar nicht realisieren kann, denn das Büro gehört ja nicht Ihnen, und Sie haben kein Recht, dort etwas zu verändern. Jedoch macht Ihnen die Arbeit keinen Spaß, Sie fliehen sie, freuen sich auf Urlaub und flüchten sich womöglich sogar in Krankheiten. Vielleicht haben Sie tatsächlich die falsche Arbeit, dann hilft Ihnen Feng Shui auch nicht weiter, vielleicht aber macht Sie nur Ihr Büro unglücklich. Die Diagnose müssen Sie finden, und wenn Sie sie kennen, müssen Sie versuchen, diese Situation zu verändern.

Es ist erstaunlich, wie weniger Veränderungen es manchmal bedarf, um die Energiesituation in einem Büro so zu verbessern, daß man sich dort fast wie ein anderer Mensch fühlt.

Die Abbildungen auf dieser Doppelseite beweisen, daß man bei der Einrichtung eines Büros oft alles

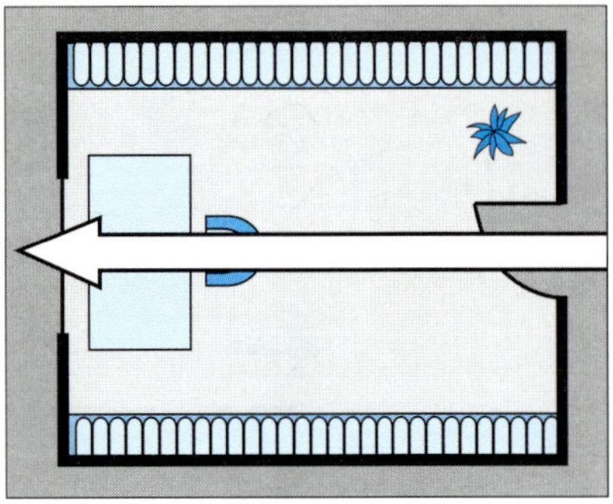

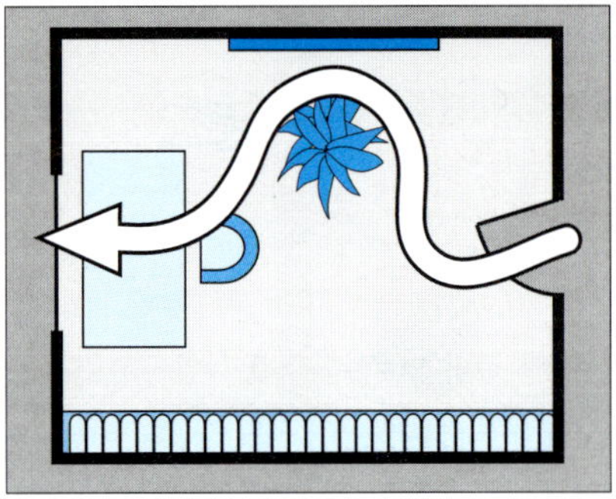

falsch macht, was man nur falsch machen kann. Der betreffende Mitarbeiter hatte seinen Schreibtisch direkt am Fenster aufgestellt und hatte so einen wunderschönen Blick auf die Straße hinaus. Er hielt dies für eine gute Idee, weil er so in den vollen Genuß des Tageslichts zu kommen meinte. Er vergaß nur, daß ihn dieser Ausblick auch ablenkte. Und wenn jemand zur Tür hereinkam, merkte er es erst dann, wenn sich der Besucher räusperte. Eigentlich konnte ihn jedermann am Schreibtisch überraschen. Diese Situation verunsicherte den Mitarbeiter immens.

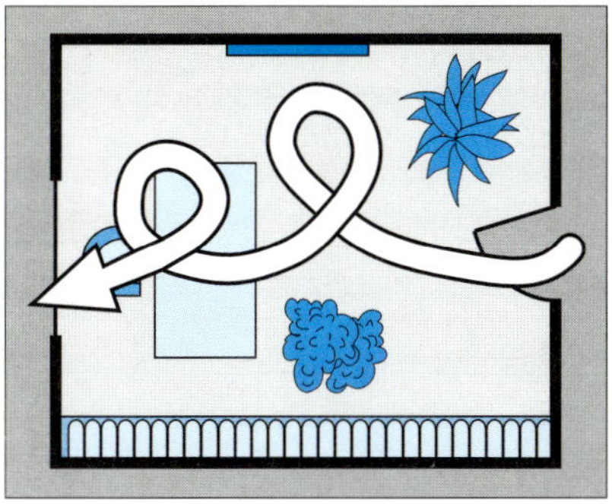

Die Abb. links oben zeigt eine Änderung: Der Mitarbeiter sitzt mit dem Gesicht zur Tür und beherrscht dadurch das Geschehen. Die Pflanze vor dem Schreibtisch schützt ihn vor zu starker Energie. Die Position des Schreibtisches in der Abb. darunter ist noch günstiger, weil dieser jetzt in der Ecke beim Fenster steht. Der Mitarbeiter ist der Energie nicht mehr unmittelbar ausgesetzt.

Die Veränderung war nicht aufwendig, doch sie hatte einen durchschlagenden Erfolg: Der Mitarbeiter saß jetzt mit dem Gesicht zur Tür und konnte sofort sehen, wer hereinkam. Das verlieh dem Mann Sicherheit und Selbstbewußtsein. Er hatte mit einem Schlag das Gefühl, Herr in seinem Reich zu sein. Dies wirkte sich auch auf die Qualität seiner Arbeit aus, und sie bereitete ihm plötzlich ein Vergnügen, das er vorher nie für möglich gehalten hätte.

Dieses Beispiel zeigt deutlich, wie man mit geringfügigen Mitteln ein Büro so umgestalten kann, daß sich die Menschen, die darin leben, plötzlich viel besser fühlen und entsprechend anders für die Arbeit motiviert sind. Einen Schreibtisch umzustellen und ein paar Pflanzen zu plazieren, ist kein Hexenwerk, das Resultat ist in vielen Fällen aber sehr verblüffend.

Regeln für den perfekten Arbeitsplatz

Im folgenden stellen wir die wichtigsten Fakten zusammen, die Sie bei der Einrichtung Ihres neuen oder der Umgestaltung Ihres alten Büros berücksichtigen sollten.

◆ Ein Büro, das viel Publikumsverkehr hat, stellt andere Anforderungen an die Gestaltung als ein Büro, in dem kreativ gearbeitet wird. Vor und in einem „öffentlichen“ Büro wird immer große Aktivität herrschen. Das bringt massive Energiebewegungen mit sich, die den Mitarbeitern nicht bekommen werden. Mit hohen Grünpflanzen und Stellwänden kann man die Eingangstür abschirmen und auch bei häufigem Öffnen der Tür die Chi-Bewegungen harmonisieren.

◆ Auch bei Kreativen geht es häufig wie auf einer Behörde zu. Dort stört

Zu viele Türen lassen zuviel Energie in den Raum und schaffen große Unruhe (Abb. links oben). Wenn beide Türen (Abb. oben rechts) gleichzeitig geöffnet werden, kollidieren sie miteinander. Noch tragischer ist die Kollisionsgefahr der beiden sich nach innen öffnenden Türen (Abb. rechts unten).

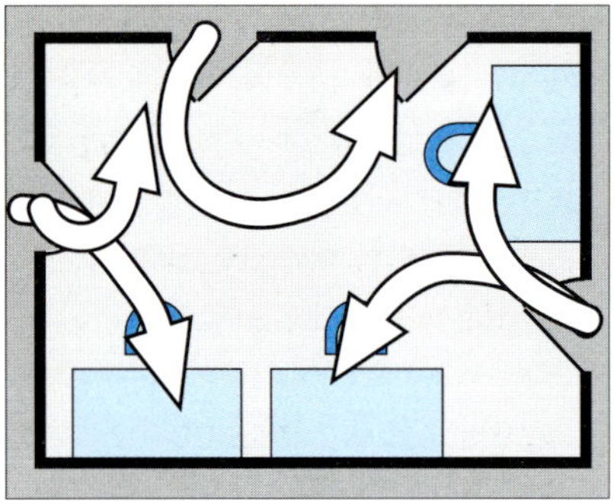

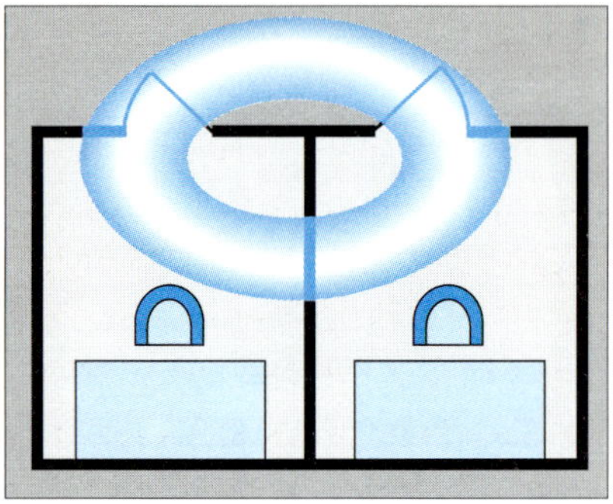

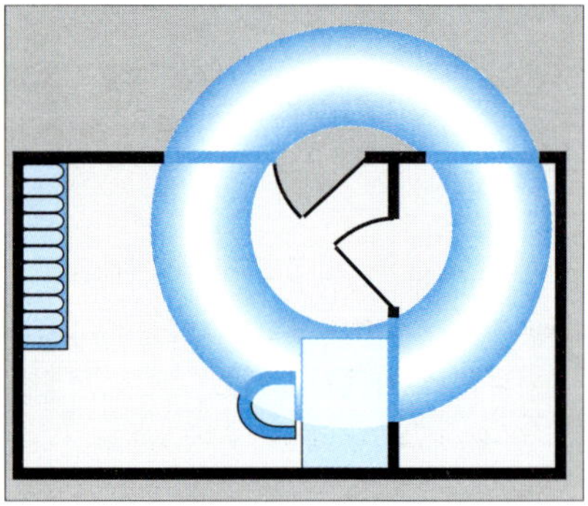

diese Unruhe aber vehement. Man sollte versuchen, bereits außen an der Bürotür den Energiefluß vorbeizulenken, zum Beispiel, indem man neben der Tür beidseitig Bilder oder Fotos aufhängt, die den Blick fesseln.

Im Büro selbst kann man, wenn sich die Leute tatsächlich die Klinke in die Hand geben, eine oder zwei Grünpflanzen so zwischen Tür und Schreibtisch stellen, daß zwar der Blick des am Schreibtisch Sitzenden nicht behindert, jedoch der Energiefluß zwischen offener Tür und Schreibtisch etwas abgebremst wird.

Unbedingt sollte man darauf achten, daß die Tür immer geschlossen wird und nicht offensteht. Notfalls erinnert man mit einem freundlichen Zettel an der Türinnenseite: „Bitte schließen!“

◆ Zu viele Türen können zum Problem werden, vor allem dann, wenn sie zu hohe Energiemengen in den Raum dringen lassen oder sich beim Öffnen gegenseitig ins Gehege kommen. Wenn solche Türen über Eck stehen, kollidieren die Energieströme miteinander und erzeugen ungute Strudel.

Das einzige Mittel dagegen ist, daß man eine Tür abschließt und sozusagen aus dem Verkehr zieht. Am besten nützt man diese Fläche und stellt einen Aktenschrank gegen die verschlossene Tür. Man sollte auch die Türklinke abmontieren, damit jedermann klar ist, daß diese Tür nicht passierbar ist.

◆ Ein Büroraum ohne Fenster ist grundsätzlich von Übel, weil man dort ohne Tageslicht leben muß. Dies kommt aber häufiger vor, als man vielleicht glaubt. Beispielsweise gibt es in Kaufhäusern keine Fenster und nur künstliche Beleuchtung, ebenso in Ton- und Fernsehstudios. Und manche Büros befinden sich im Kellergeschoß und haben deshalb kein Tageslicht.

Wichtig ist in einem solchen Fall, daß die Beleuchtung stimmt. Der Raum muß, wenn keine speziellen Erfordernisse wie in einem Studio zu berücksichtigen sind, tageslichtähnlich ausgeleuchtet sein.

Es gibt noch einen erprobten Trick, die Energiesituation zu verbessern: Ein Spiegel gegenüber der Eingangstür schickt die Energie wieder aus dem Raum, da sie ja nicht durch das Fenster austreten kann.

Um die mangelnde Verbindung zur Welt wieder einigermaßen herzustellen, kann man große Bilder oder Fotos – bevorzugt im Breitformat – am besten gegenüber dem Schreibtisch aufhängen, die eine weite, beruhigende Landschaft, einen Wasserfall oder Meeresbrandung zeigen.

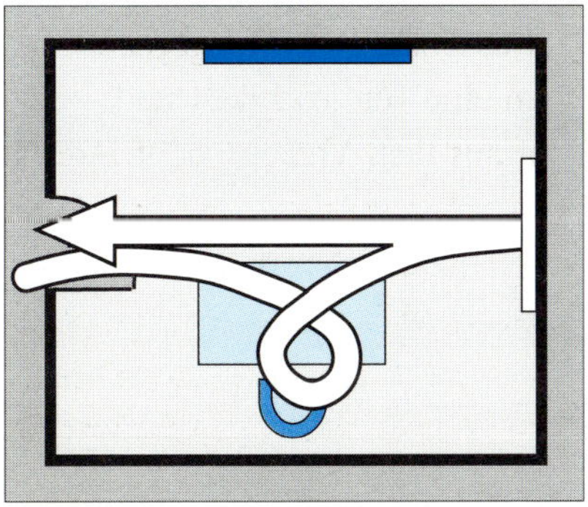

In einem Büro ohne Fenster läßt sich das fehlende Fenster durch einen Spiegel ersetzen, der das eindringende Chi wieder hinausreflektiert.

◆ Lassen Sie die Wandfläche hinter sich frei!

Wenn Sie in Ihrem Rücken einen Bücherschrank oder ein Aktenregal stehen haben, werden Sie immer wieder gestört werden. Todsicher kommen unzählige Kollegen und brauchen unbedingt dieses Buch oder jenen Aktenordner. Diese Unruhe hinter Ihrem Rücken wird Sie sehr nervös machen. Und vor allem warten Sie unbewußt ständig auf jemanden, der an den Schrank hinter Ihnen will. Das bringt viel Unruhe in Ihr Leben, und Sie fühlen sich ständig unter Druck – und schieben diesen unbewußten Druck auf Ihre Arbeit.

◆ Achten Sie darauf, daß, wenn Sie am Schreibtisch sitzen, zwischen Ihnen und der Wand ausreichend Platz bleibt. Wenn Sie zum Aufstehen kaum den Stuhl richtig zurückschieben können und sich herausquetschen müssen, überträgt sich dieses Gefühl des Eingeengtseins auf Ihre gesamte Arbeitssituation. Rund um Ihren Schreibtisch muß überall ausreichend Platz sein, damit ihn das Chi ungehindert umfließen kann.

◆ Auch ein Bild unmittelbar hinter Ihrem Rücken ist keine glückliche Lösung, denn Sie selbst haben davon nichts. Hängen Sie das Bild lieber an die Ihrem Schreibtisch gegenüberliegende Wand. Den Rücken sollten Sie sich im wahrsten Sinne des Wortes freihalten. Auch ein Stück leere Wand wirkt sehr großzügig und befreiend, wenn es sich harmonisch in die Gesamtgestaltung des Raumes einfügt.

Wenn zwischen Ihrem Rücken und der Wand ausreichend Raum zur Verfügung steht, können Sie dort ruhig ein Bild aufhängen, aber nur, wenn es Sie nicht „erdrückt".

◆ Hüten Sie sich grundsätzlich davor, jeden verfügbaren Quadratzentimeter Ihres Büros mit irgendwelchen Möbelstücken vollzustellen oder überall Bilder, Kalender und Pin-Boards aufzuhängen. Alle Gegenstände im Büro brauchen auch Raum um sich, um mit ihrer Energie positiv und belebend aufeinander wirken zu können.

◆ Verzichten Sie auf Möbel, die im Verhältnis zum Raumganzen zu massig, ja erdrückend wirken. Moderne Büromöbel wirken natürlich freundlicher als ein Inventar, dem man sein Alter ansieht und das deshalb noch lange keine Antiquität ist. Meistens müssen Sie sich mit solchen Möbeln abfinden. Überlegen Sie sich, wie Sie sie mit Bildern, Postern oder Fotos freundlicher gestalten können.

◆ Rücken Sie den Schreibtisch niemals gegen eine Wand, die Sie dann permanent anstarren müssen. Auch ein Bild hilft da wenig, denn Sie sitzen zu nahe daran.

Rücken Sie den Schreibtisch wenigstens ein paar Zentimeter von der Wand ab. Ein Spiegel ist eine kleine

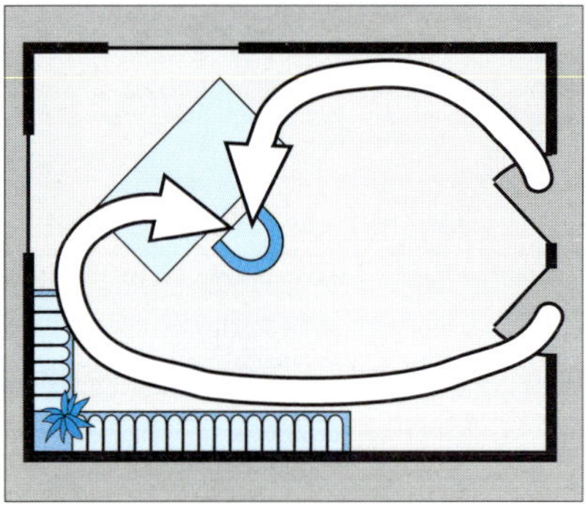

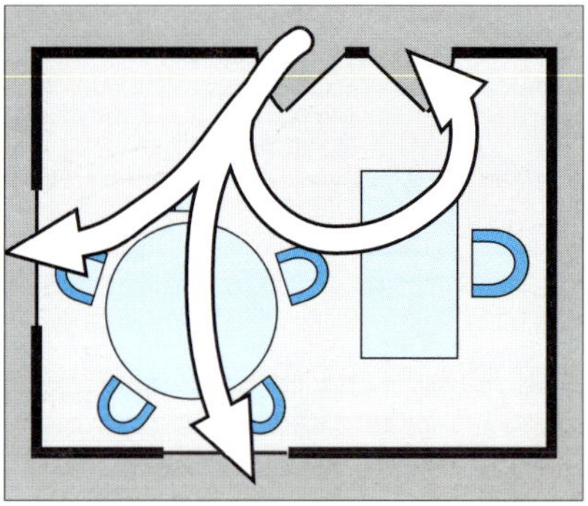

Abb. links: Der Blick aus den Fenstern ist schön, ungünstig sind aber die Türen im Rücken. Trotz der beiden Türen (Abb. rechts) bekommt der Schreibtisch nicht zuviel Energie ab.

Hilfe, da er Ihnen in dieser ungünstigen Sitzposition ab und zu einen Blick in den Raum hinter Ihrem Rücken ermöglicht.

◆ Büros stecken heutzutage voller elektronischer Apparate wie Computer, Bildschirme, Drucker, Scanner, Speichermedien verschiedenster Art, Kopierer für Schwarzweiß oder Farbe, Diktiergeräte, digitale Telefonanlagen, Funktelefone, Funksprechgeräte. An den Wänden verlaufen und kreuzen sich unzählige Kabel, die die verschiedensten Signale von Raum zu Raum befördern.

An das leise Summen der Maschinen kann sich das Ohr gewöhnen. Anders verhält es sich mit den zahllosen elektromagnetischen Schwingungen, die uns im Büro umgeben. Dazu kommen noch die Strahlen der Computer-Monitore.

Wissenschaftler haben schon lange herausgefunden, daß sich dieser – es

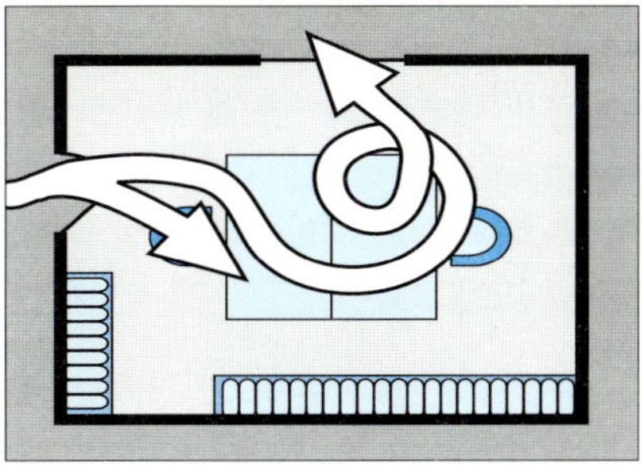

Der Mitarbeiter links hat einen sehr ungünstigen Platz, der andere Mitarbeiter beherrscht eindeutig den Raum.

gibt bereits einen eigenen, sehr anschaulichen Terminus dafür – Elektrosmog auf unsere Gesundheit äußerst negativ auswirkt. Trotzdem kommen immer leistungsfähigere Geräte auf den Markt und halten Einzug in die Bürowelt. Dagegen kann man sich nicht wehren, denn schließlich erleichtern uns diese Geräte die Arbeit, und niemand wird sich ernsthaft das Zeitalter der Schreibmaschine zurückwünschen.

Versuchen Sie, Peripheriegeräte, soweit es technisch möglich ist, abseits von Ihrem unmittelbaren Arbeitsplatz aufzustellen. Der große Drucker

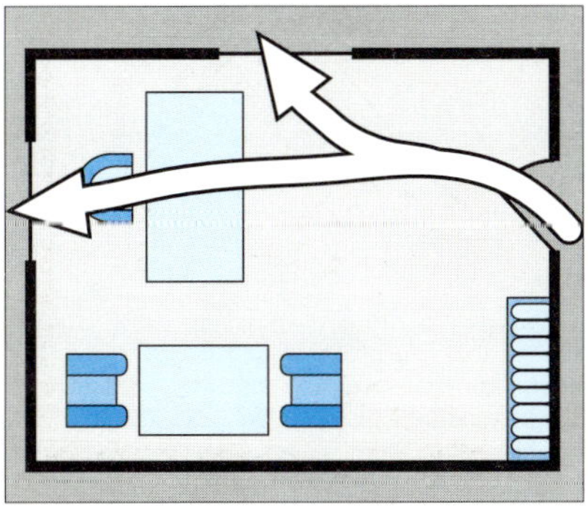

Abb. links: Der Mitarbeiter hat die Tür gegenüber, doch Chi rast an ihm vorbei durchs Fenster. Abb. rechts: Der Schreibtisch beherrscht den Raum.

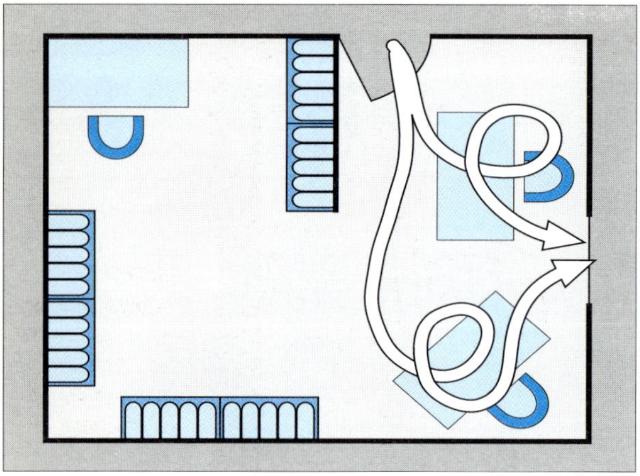

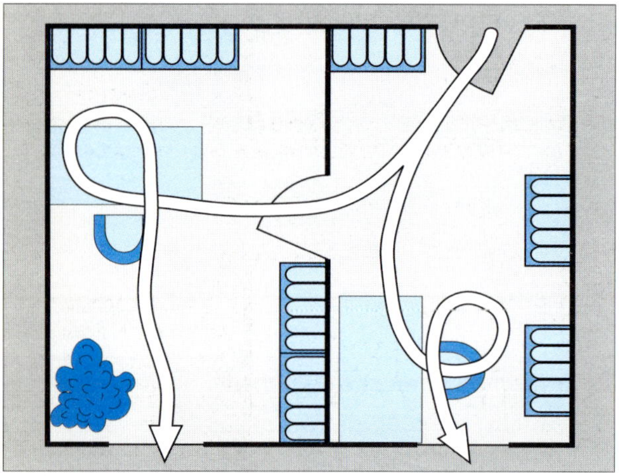

Der linke Schreibtisch (Abb. oben) wird vom Chi nicht erreicht. Der Schreibtisch im linken Zimmer (Abb. unten) dagegen erhält ausreichend Chi.

muß ja nicht unbedingt neben Ihrem Schreibtisch plaziert sein. Und den Farbkopierer kann man vielleicht im Flur vor Ihrem Büro aufstellen, wo auch noch andere Zugriff haben.

◆ Pflanzen sind ein wohltuender, immer beruhigender Anblick und bringen einen Hauch von Natürlichkeit und Leben in die meist sterile Bürolandschaft, die vor allem von Maschinen regiert wird. Geizen Sie nicht mit Pflanzen, vor allem Grünpflanzen, die Sie an strategisch wichtigen Punkten – in sonst toten Ecken, vor und neben dem Schreibtisch zur Abschirmung gegenüber Türen – aufstellen sollten.

◆ Achten Sie darauf, in einem großen Raum mit vielen Regalen und Schränken sozusagen nicht hinter dem Inventar zu versinken. Wenn Sie merken, daß Kollegen das Zimmer betreten und Sie gar nicht mehr wahrnehmen, wird es höchste Zeit, etwas dagegen zu unternehmen. Sie müssen auch in Ihrem Büro mitten im Geschehen plaziert sein. Andernfalls werden Sie über kurz oder lang depressiv, und Ihre Arbeitslust wird auf den Nullpunkt sinken.

◆ Erscheint Ihnen Ihr Büro zu klein, müssen Sie sich nicht unbescheiden vorkommen. Dem einen gefällt gerade ein kleines Zimmer, und er fühlt sich hier mehr zu Hause als in einem großen Raum. Der andere benötigt Platz um sich herum und damit auch für seine seelische und kreative Entfaltung. Mit einem Spiegel, der nicht zu groß zu sein braucht, läßt sich da sehr leicht Abhilfe schaffen.

Dieser Chef-Schreibtisch ist tödlich. Wer dort sitzt, auch wenn er scheinbar den riesigen Raum überschaut, ist abgeschnitten von aller Energie. Chi fließt an ihm gänzlich vorbei. Eine Pflanze in dieser Ecke würde nach einiger Zeit verkümmern.

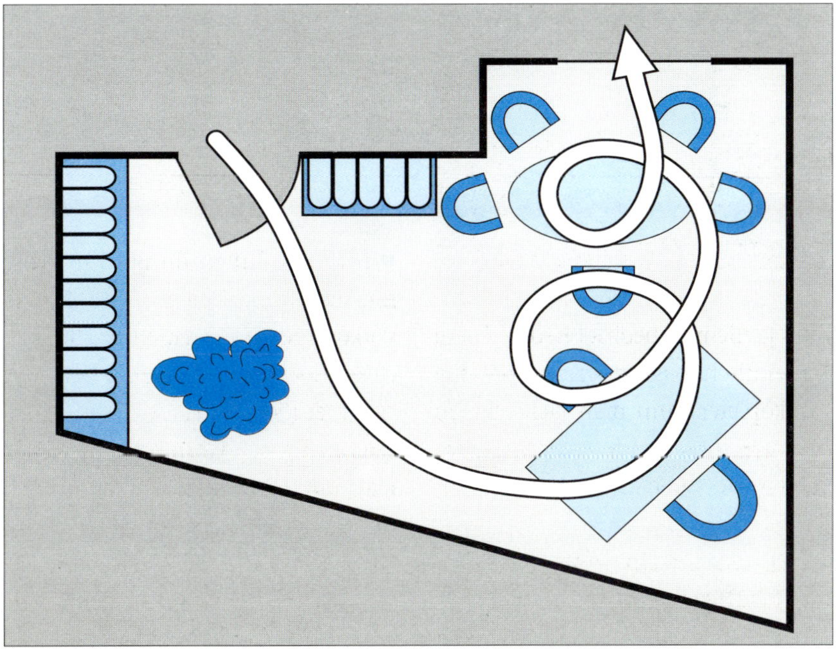

Der Schreibtisch in der Ecke beherrscht den Raum. Eine würdige Chef-Position! Auch der seitlich aufgestellte Konferenztisch ist bestens in der Chi-Zirkulation postiert. Selbst der an sich tote Raum hinter der Tür wurde mit einem Bücherregal, das Wissen induziert, und einer Grünpflanze aktiviert.

Feng-Shui-Hilfsmittel

Um die Energiesituation im Büro zu verbessern, sind in vielen Fällen keine grundlegenden Änderungen nötig. Im Gegenteil, es ist erstaunlich, wie selbst geringfügige Korrekturen oder Ergänzungen eine nachhaltige Verbesserung bringen.

Oft kann man die Möbel gar nicht in der Weise umstellen, wie man das vielleicht zu Hause täte, denn schließlich müßte der Chef oder die Geschäftsleitung einem solchen Vorhaben zustimmen. Kaum jemand wird aber Einspruch erheben, wenn Sie die Sachen auf Ihrem Schreibtisch umorganisieren, Schmuckgegenstände aufstellen, Bilder an die Wand hängen oder Pflanzen aufstellen. Solche Veränderungen werden von allen als sehr angenehm empfunden werden. Sie müssen es einfach einmal ausprobieren!

Man möchte es aufs erste gar nicht glauben, wie sehr ein einzelnes wirklich zauberhaftes Bild – eine frische Wiesenlandschaft, ein Strand mit herrlicher Brandung – oder eine Grünpflanze ein zuvor abstoßend nüchternes Büro mit vielleicht noch uralten Möbeln belebt und zu einer freundlichen Arbeitsstätte verzaubert.

Denken Sie an folgende Mittel, die Chi in Ihrem Büro festhalten und in angenehme Zirkulation versetzen:

◆ **Kristalle** fangen Chi wie Lichtstrahlen auf und bündeln es. Ein kleiner Kristall auf der Fensterbank oder als Briefbeschwerer auf dem Schreibtisch kann einen zu schnellen Energiefluß, etwa den Einfluß einer heftig befahrenen Straße, mindern. Zu große Kristalle sollte man nicht verwenden, weil sie unter Umständen die Energie zu kräftig verstärken.

◆ Im Büro ein **Mobile** aufzuhängen wird sich mancher vielleicht zuerst scheuen, weil solche bunten Windspiele der Konvention entsprechend in sachlichen Büroräumen nicht üblich sind. Wenn man sie aber geschickt an der Decke befestigt, bevorzugt in toten Winkeln und Ecken, wo der Energiestrom stagniert, kann man auch einen hübschen, das graue

Auch mit sparsamen Mitteln läßt sich der Energiestrom in einem Büro vorteilhaft beeinflussen.

Pflanzen sind ein wichtiges Mittel, mit dem man Chi in seiner Bahn beeinflussen kann. Das Büro rechts hat große Fenster, durch die sehr viel Chi in den Raum dringt. Der „Pflanzenvorhang" davor verringert die Energiegeschwindigkeit und läßt das Chi fein zirkulierend in den Raum.

Der kleine einfußige Tisch am Fenster mit Kaffeekanne und Obst ist ein freundlicher Blickfang und beeinflußt zusammen mit der Grünpflanze positiv die Verteilung der Raumenergie. In diesem Büro macht das Arbeiten Spaß.

Büroeinerlei belebenden Akzent setzen. Man muß nur ein Mobile in anziehendem Design und schönen Farben auswählen.

◆ Eine **Skulptur** oder **Plastik,** an geeigneter Stelle plaziert, auf einem Sideboard oder auf dem Schreibtisch, ist ein hervorragender Blickfang und fördert den Fluß des Chi. Rauhes Material wie Ton verlangsamt den Energiefluß, glattes Material wie Bronze beschleunigt das Chi.

◆ Auch mit **Licht** läßt sich ein Raum positiv verändern: Vermutlich werden Sie in Ihrem Büro keine neuen Deckenstrahler montieren lassen, aber gegen eine eigene Schreibtischlampe, die Ihnen besonders lieb ist, hat niemand etwas einzuwenden.

◆ **Pflanzen** sind wahre Zauberer. Pflanzen leben, und dieses Leben geben sie in jedem Augenblick weiter. Geizen Sie nicht mit Pflanzen – bevorzugt Grünpflanzen – im Büro, und stellen Sie sie dort auf, wo Sie den Energiefluß konzentrieren wollen.

◆ Wenn Sie **Bilder** aufhängen wollen, suchen Sie sich ein Bild aus, das Sie wirklich lieben und lange Zeit anschauen wollen. Irgendwelche billigen Poster nützen wenig.

Bücher und Adressen

Hoffmann, Eva Katharina:
Energiepflanzen im Haus. München: Mosaik 1997

Jordan, Harald:
Räume der Kraft schaffen. Der westliche Weg ganzheitlichen Wohnens und Bauens. Freiburg im Breisgau: Bauer 1997

Lam Kam Chuen:
Das Feng Shui Handbuch. Eine Einführung in die Feng Shui Praxis. Sulzberg: Joy Verlag 1996

Nossack, Bernd:
Feng Shui für Gesundheit und Erfolg. Berlin: Urania Verlag1997

Walters, Derek:
Das Feng Shui Praxisbuch. Bern, München, Wien: Barth 1996

Die Feng Shui Agentur, Isolde Schaeffer, Beratung, Seminare, Versand,
Keuslinstr. 1, D-80798 München,
Tel.: 089/2 72 22 44,
Fax: 089/2 72 22 31

Habito, Lebensraumberatung Dirk Schieferdecker & Sabine Edelmann,
Schuhgasse 12, D-71083 Herrenberg,
Tel.: 0 70 32/95 21 40, Fax: 0 70 32/ 95 21 41

Lana Quellbrunnen und Bonsai, Bernd Richter-Prowinsky,
Vordere Gasse 13,
D-91567 Herrieden, Tel.: 0 98 25/ 1781, Fax: 0 98 05/ 77 03

Wunderbar–Esoterik und mehr,
Bahnhofstr. 118, D-70736 Fellbach,
Tel. u. Fax: 0711/57 48 68

REGISTER